La vie toute de grâce de Jeanne Mance

PAUL DESJARDINS, S. J.

La vie
toute de grâce
de
Jeanne Mance

Fondatrice de l'Hôtel-Dieu
de Montréal
et première infirmière laïque

LES ÉDITIONS BELLARMIN
8100, boul. Saint-Laurent
Montréal   H2P 2L9

1979

Couverture: Pierre Peyskens
Illustrations: J. McIsaac

Dépôt légal, 1er trimestre 1979
    Bibliothèque nationale du Québec
    Bibliothèque nationale du Canada

Préface

La sainte Vie de Jeanne Mance que le R. P. Paul Desjardins, S. J. présente au public, arrive au moment où par tout le Canada les prières se multiplient pour que le bon Dieu daigne glorifier les premiers ouvriers de la chère colonie française qu'ils ont fondée il y a trois siècles. C'est avec la plus grande satisfaction que je vois se joindre aux grandes figures si bien connues du Vénérable Mgr de Laval, de la Vénérable Mère Bourgeoys, de la Vénérable Marie de l'Incarnation et de Mère Catherine de Saint-Augustin, celle de Jeanne Mance, dont le nom est bien connu, mais dont les détails de sa belle vie nous échappaient.

Ce livre est d'ailleurs bien apte à susciter dans l'âme des lecteurs un vif sentiment de confiance dans la puissance d'intercession de cette héroïne auprès de Dieu; il nous fera aimer davantage cette femme forte, il poussera les fidèles à prier Dieu que, par l'intercession de Marie Immaculée que Jeanne a si bien honorée, de nombreuses et de grandes faveurs soient accordées en témoignage de la sainteté de sa vie.

*Mes prédécesseurs sur le siège archi-
épiscopal de cette ville où Jeanne Mance
a tant travaillé et si bien mérité de notre
peuple, ont souvent exprimé leur ardent
désir de voir glorifier officiellement par
l'Eglise celle que l'on peut appeler notre
première garde-malade. Au moment où l'on
espère plus que jamais que nos voeux
pourront se réaliser, je suis bien heureux
d'ajouter ma prière aux leurs, afin que le
bon Dieu presse l'heure où il donnera à
nos gardes-malades, tant laïques que religieuses, un modèle spécial à imiter.*

*Puis, en ces heures où le Souverain
Pontife et les évêques sentent le besoin
et expriment leur vif désir de voir les catholiques aider les prêtres dans leurs travaux apostoliques et sociaux, je ne doute
pas que l'exemple de Jeanne, dont ce livre
rappelle si bellement le souvenir, ne sti-
mule toutes les bonnes volontés pour s'engager de tout coeur dans cette Action catholique dont les efforts soutenus nous
consolent et dont les travaux nous donnent
les plus beaux espoirs.*

† Joseph **CHARBONNEAU**,
Arch. de Montréal.

Montréal,
le 25 juin 1945.

Avant-propos

Le titre de ces pages demande peut-être un mot d'explication.

Disons d'abord que c'est le sulpicien Dollier de Casson qui nous l'a suggéré.

Au début de son Histoire du Montréal, *dans l'aperçu qu'il donne du dessein providentiel de la fondation de notre ville, il écrit :* « ... La Providence de Dieu voulant rendre cette île assez forte pour être la frontière du pays, et voulant du reste la rendre assez peuplée pour y faire retentir les louanges de son créateur, lequel y avait été jusqu'alors inconnu, il fallait qu'il jetât les yeux sur plusieurs personnes puissantes et pieuses, afin d'en faire une compagnie qui entreprît la chose...; de plus, il fallait que la Providence divine disposât quelque illustre commandant pour ce lieu, lequel fût homme de cœur, vigoureux, d'expérience et sans autres intérêts que ceux de l'éternité; outre cela, il fallait que la même Providence choisît une personne pareillement dégagée, pour y avoir soin des pauvres malades et blessés, en attendant... qu'elle procurât à cette île l'assistance d'un hôpital...; sur quoi il est à remarquer qu'il était besoin que ce fût quelque fille ou femme, à cause que les personnes de ce sexe sont propres à plusieurs choses qui ne se font pas communément si bien par ceux d'un sexe différent... Mais à vous dire le vrai, il fallait que ce fût *une personne toute de grâce*, pour venir alors dans ce pays si éloigné, si sauvage et si incommode, et il était nécessaire qu'elle fût extrêmement protégée de la main du Tout-Puissant, afin de conserver toujours le trésor de sa pureté, sans aucun larcin, ou véritable ou faussement supposé, venant parmi des hommes de guerre... »

Dollier de Casson écrivait en 1672, alors que l'ère de la fondation était achevée pour Montréal. Il en retrace le dessein providentiel à la lumière des réalisations. Le portrait qu'il nous présente de la femme choisie par Dieu pour accomplir cette œuvre, il l'a sous les yeux, en la personne de Jeanne Mance, dont la carrière touche à son terme,—elle mourra quelques mois plus tard, en juin 1673, — et c'est sous l'aspect d'une personne toute de grâce *qu'elle lui apparaît.*

* *

Nous ne voudrions aucunement préjuger le sentiment de l'Eglise, en laissant entendre que Jeanne Mance a toujours héroïquement pratiqué les vertus auxquelles se reconnaissent les saints, quoique tout en sa vie nous invite à le penser. Il appartient à Dieu seul de se prononcer, par la voix de son représentant ici-bas, sur la continuité et l'intensité d'union par la grâce, de la créature à son Créateur.

En qualifiant de toute de grâce *la vie de Jeanne Mance, ce n'est donc pas l'habitation permanente, et dans un degré suréminent d'amour, de la Divinité en son âme, que nous avons à la pensée. Qu'il plaise à Dieu de nous le manifester un jour, par les faveurs qu'il a coutume d'accorder à l'intercession de ses saints, voilà ce que nous appelons de tous nos vœux. Mais dans les jugements que nous portons sur cette servante de Dieu, comme dans les termes que nous employons, il ne faut voir que l'expression d'une opinion tout humaine, fragile par conséquent, et qui réserve à l'infaillible magistère de l'Eglise l'appréciation définitive de la valeur surnaturelle de ses actes et de ses mérites.*

*En plus de l'*état de grâce, *et pour en assurer le maintien ou le restaurer dans les âmes, il existe une infinie variété d'interventions divines. Il y a les illuminations qui éclairent notre intelligence et sollicitent notre volonté dans la recherche du bien et la fuite du mal. Il y a les inspirations qui nous guident dans le choix d'un état de vie, dans toutes les décisions importantes à notre salut. Il y a les appels à des actes plus parfaits, à des tâches héroïques parfois. Dans un sens plus large, il y a le milieu familial, l'éducation, les amitiés, toutes les relations humaines et les incidents de la vie, voulus ou permis par Dieu, qui exercent une indéniable influence. Il y a jusqu'aux épreuves courageusement acceptées, qui sont autant de moyens par lesquels Dieu nous rattache à lui, en nous faisant davantage sentir l'étroite dépendance où nous sommes à son égard. Toutes ces manifestations de l'action de Dieu sur les âmes, action directe ou par le moyen des causes secondes, et bien d'autres encore auxquelles notre volonté reste toujours libre de correspondre, ce sont les grâces actuelles. Dans Jeanne Mance, elles apparaissent avec une telle abondance, et son empressement à s'y conformer se révèle si constant, que sa vie peut vraiment être qualifiée de* toute de grâce. *C'est dans ce dernier sens que nous le faisons.*

Nous ne songeons donc à tracer ici qu'une esquisse de la vie de Jeanne Mance, sous l'angle particulier des faveurs, parfois austères, dont Dieu l'entoura. Sa biographie complète a été écrite en 1934, et de magistrale façon, par Mlle Claire Daveluy. A qui veut désormais parler de Jeanne Mance, cet ouvrage s'impose comme le guide indispensable, et nous y avons souvent recouru, de même que nous nous sommes référé à l'histoire de l'Hôtel-Dieu de Montréal, publiée en 1942 par la révérende Sœur Mondoux. Nous avons cependant voulu suivre, du plus près qu'il était possible, les écrits contemporains de notre héroïne : l'Histoire du Montréal *de Dollier de Casson,* les Annales de l'Hôtel-Dieu de Montréal *de Sœur Morin,* les Véritables Motifs des Messieurs et Dames de la Société de Notre-Dame de Montréal, *ouvrage attribué à Jean-Jacques Olier, et les* Relations des Jésuites.

Il se dégage de ces pages, au style sans apprêt, une impression d'aimable simplicité, qui convient à merveille, nous semble-t-il, à celle que Dollier de Casson nous a présentée comme une personne toute de grâce.

Première partie

Les étapes d'une vocation

JEANNE MANCE
1606-1673

Les influences lointaines

Le dimanche 12 novembre 1606, en l'église paroissiale de Saint-Pierre-et-Saint-Paul, Charles Mance, procureur au bailliage de Langres, présente au baptême le deuxième enfant de son mariage avec Anne-Catherine Emonot, une fille qui reçoit le prénom de Jehanne. Ce jour-là, avec l'eau du baptême qui coule sur son front, descend dans l'âme d'une enfant prédestinée, pour s'y établir à demeure, la grâce de Dieu, animatrice des oeuvres fécondes.

Pour le commun des mortels, les souvenirs des premiers ans débordent rarement le cadre de la tradition orale; ils sont, par le fait même, assez tôt effacés et perdus pour l'histoire. Ainsi en est-il de Jeanne Mance, et d'autant plus que, comme les membres de cette Société de Notre-Dame de Montréal à laquelle elle s'affiliera un jour, elle a voulu entourer sa vie et ses oeuvres d'un voile de silence et d'oubli. Sur son enfance et sa jeunesse, sur sa première éducation, sur sa famille même, les détails sont fort restreints. Le peu qui est connu, cependant, démontre que Dieu l'avait placée dans un foyer profondément chrétien. « L'esprit de foi y régnait en maître, comme dans la plupart des familles de Langres à cette époque », note l'abbé René Roussel, directeur du grand séminaire de cette ville. Charles Mance et son épouse acceptaient vaillamment leurs devoirs. De février 1608 à septembre 1623, à leurs deux premiers enfants sont venus s'en ajouter dix autres, quatre filles et six garçons. En 1616, les deux époux s'inscrivent à la Confrérie du Saint-Sacrement, où le culte de l'Eucharistie s'allie à la dévotion aux âmes du purgatoire et à la pratique des oeuvres de miséricorde; Jeanne s'inscrira à son tour à cette même confrérie en 1635.

En 1621, autre indice de la piété qui régnait dans cette famille, la fille aînée, Marguerite, signe, avec sept autres pieuses jeunes filles, une supplique à l'évêque de Langres, pour obtenir l'établissement dans sa ville épiscopale d'un monastère de l'Annonciade céleste. Deux ans plus tard, quand s'ouvre le monastère, si le nom de Marguerite n'apparaît pas sur la liste des postulantes, la cause en est peut-être, comme on l'a suggéré, la modicité de la dot qu'elle est en mesure d'offrir, peut-être aussi l'état de santé de sa mère. Catherine Emonot donne en effet naissance, le 13 septembre 1623, à son douzième et dernier enfant et l'on sait, par les confidences de Jeanne Mance à Soeur Morin, qu'elle décéda *plusieurs années* avant son époux, dont la mort est antérieure à 1635. Marguerite et Jeanne auraient ainsi assumé assez tôt le soin entier de tenir la maison de leur père, et de pourvoir à l'éducation de leurs frères et soeurs plus jeunes. Dans les familles nombreuses, d'ailleurs, n'est-ce pas le rôle ordinaire des soeurs aînées d'apprendre, jeunes encore, à s'oublier en se dévouant aux côtés de leur mère?

C'est donc vraisemblablement dans cette atmosphère de piété et de travail que grandit Jeanne Mance. Dès l'éveil de sa raison, elle manifeste un esprit sérieux et un coeur généreux. N'a-t-elle pas confié que, « dès l'âge de six à sept ans, elle s'est donnée et consacrée à Dieu par le voeu de chasteté ? — Elle me l'a dit elle-même bien des fois », précise Soeur Morin, qui rapporte la confidence. Ce geste aurait pu n'être que le mouvement spontané d'une ferveur passagère, l'élan d'un jeune coeur momentanément épris de sacrifice, à qui l'on vient de dévoiler la beauté du don total de soi : l'avenir devait démontrer que chez Jeanne le don était irrévocable. Soeur Morin nous apprend encore que Jeanne « vécut dans la grande dévotion dans la maison de monsieur son père qui, par l'amour tendre et la complaisance qu'il avait pour sa fille, ne s'y opposa jamais ». Il s'y opposa d'autant moins, que Jeanne Mance eut toujours soin de veiller à si bien ordonner ses journées, que l'exercice de sa piété envers Dieu n'entravait en rien l'accomplissement de ses autres devoirs. « Elle agissait en toutes choses avec tant de prudence et de vertu, qu'elle ne lui causa jamais (à son père), aucun chagrin pour ses dévotions qu'elle ajusta toujours à sa volonté. »

En dehors du cercle intime du foyer paternel, quelque autre influence s'est-elle exercée sur la vocation de Jeanne Mance ? Les amitiés du jeune âge et de l'adolescence jouent souvent un rôle déterminant dans le choix de l'état de vie. Il y a aussi l'impression profonde que laissent certains exemples. Pendant assez longtemps le souvenir en reste comme endormi au fond de l'âme, puis sous le coup d'un fait nouveau, si lointain qu'il soit, tout remonte à la surface et se traduit par une décision définitive.

Quand Jeanne Mance atteignit l'âge de douze ou treize ans, peut-être avant, mais pas plus tard qu'en 1619, une soeur de son père, établie jusque-là à Chaumont, vint résider à Langres avec sa famille. Le 9 mai, son nom apparaît, au registre des baptêmes de la paroisse Saint-Pierre-et-Saint-Paul, comme celui de la marraine du onzième enfant des époux Mance. Elisabeth Mance avait épousé Simon Dolebeau, homme de loi, et de leur union, au moins deux fils étaient issus. L'aîné, Nicolas, était né en 1605 et devait devenir prêtre, puis chanoine au chapitre de Langres; son cadet, Jean, de trois ans plus jeune, sera jésuite et missionnaire au Canada. Jeanne Mance et ses deux cousins Dolebeau étaient donc sensiblement du même âge, et il est tout naturel de se les représenter partageant leurs jeux au temps des vacances, et se liant d'une amitié quasi fraternelle qui devait, avec le temps, développer en eux, avec la similitude des goûts, quoique par des voies différentes, un même idéal d'apostolat au service de Dieu.

Il y a de plus que l'oncle Simon Dolebeau avait un frère, le récollet Jean Dolebeau, l'un des premiers missionnaires de son Ordre au Canada, où il réside de 1615 à 1620; cette année-là, il repasse en France en compagnie d'un petit Montagnais de douze à treize ans, Pastedechouan. S'il est peu probable que le petit Pastedechouan soit venu lui-même à Langres, il est bien permis de croire que le P. Jean Dolebeau, après une absence de cinq ans, visita sa famille; du moins est-il sûr que son séjour au Canada et la nouvelle de son retour en France furent connus dans les familles Dolebeau et Mance. Aussi, vingt ans plus tard, quand le nom de Canada résonnera aux oreilles de Jeanne Mance comme un appel pressant à s'y rendre, c'est tout un monde de souvenirs qu'il éveillera dans son esprit.

On sait encore que, entre les années 1630 et 1640, la guerre et les épidémies ravagèrent la ville de Langres. En ces temps d'épreuve, toutes les bonnes volontés sont mises à contribution, pour apporter aide et soulagement aux malades et aux blessés. Il n'est donc pas hors de vraisemblance de se représenter Jeanne Mance préludant, dans sa ville natale et auprès de ses concitoyens éprouvés, au rôle de garde-malade qu'elle remplira plus tard à Montréal. Dieu, qui n'improvise pas, ménage ainsi souvent à ses apôtres une lointaine préparation aux tâches qu'il leur réserve.

Le dessein de Dieu

1640. Jeanne Mance est dans la trente-quatrième année de son âge. Depuis la mort de son père, survenue plus de cinq ans auparavant, elle se trouve « entièrement maîtresse d'elle-même », et libre « de suivre les attraits de la grâce ». — « Mlle Mance, écrit Soeur Morin, est plus que jamais déterminée d'être toute à Dieu, et de souffrir quelque chose pour se rendre plus conforme à Jésus-Christ, qu'elle a choisi pour époux dès sa tendre jeunesse. » Dieu n'a pourtant pas encore manifesté son acceptation. L'attrait de la grâce, qui a déterminé Jeanne Mance au don total de sa personne, ne lui a pas encore indiqué où et comment le consommer. Elle a renoncé aux joies de fonder un foyer et, cependant, elle ne sent aucune inclination pour la vie religieuse. Eût-elle songé d'ailleurs à entrer dans quelque communauté, la faiblesse de sa santé, que de fréquentes maladies ont ébranlée depuis l'âge de dix-sept ou dix-huit ans, l'en aurait empêchée. Elle attend donc, résignée et confiante malgré tout, que Dieu lui manifeste enfin à quel dessein il veut l'employer.

Or, ce dessein, depuis dix ans déjà Dieu en préparait la réalisation. Sur divers points de la France, sa grâce travaillait silencieusement à le faire éclore en des coeurs généreux. Cela avait débuté à La Flèche, en la personne d'un receveur des aides et tailles, Jérôme Le Royer de la Dauversière. Ce gentilhomme, fervent chrétien engagé dans le mariage et père de cinq enfants, se voit confier, un jour de février 1630, en la fête de la Purification, l'étrange mission de fonder une Congrégation de Filles hospitalières de Saint-Joseph, et Dieu, qui lui commande de s'employer à cet établissement, lui dicte comme mot à mot le premier chapitre des Constitutions. L'année d'après, Dieu réitère sa volonté, en y ajoutant l'ordre d'établir, dans l'île de Montréal en la Nouvelle-France, un Hôtel-Dieu que desserviront les Hospitalières de La Flèche. Décidément, la mission se fait de plus en plus étrange! De Nouvelle-France, il n'en existe plus depuis 1629, et rien encore ne laisse prévoir le retour des fleurs de lys sur les rives du Saint-Laurent. Pénétré de son impuissance, éprouvant en outre une compréhensible répugnance pour le rôle qu'on lui assigne, Jérôme Le Royer a déjà consulté dès le premier appel, et il a entendu sans surprise son directeur taxer le projet d'illusion, de pieuse chimère. Il consulte encore cependant. De nouveau, le recteur du collège de La Flèche, le P. Chauveau, lui répond que, selon toute apparence, l'ordre est par trop imprécis et sans vraisemblance, qu'il ne convient guère à un homme de sa condition de se poser en fondateur de communauté religieuse, que son projet d'hôpital en une île lointaine et encore inhabitée n'est qu'un vain rêve; aussi l'engage-t-il à renoncer à ce projet, à en écarter même l'idée. Mais l'idée est tenace. Jérôme Le Royer a beau s'en défendre et s'efforcer d'obéir à son directeur, l'idée se fait plus pressante, et une voix intérieure lui redit sans cesse : « Ma volonté est que tu commences mon nouvel Institut. Je pourvoirai à tout, obéis ! »

En 1634, l'imprécision du projet se dissipe quelque peu; la lumière et l'espoir commencent à luire. Cette année-là, au jour de la Purification comme en 1630, Dieu suscite une auxiliaire à Jérôme Le Royer. Marie de la Ferre, riche demoiselle établie à La Flèche, et qui depuis longtemps demande à Dieu comment elle pourrait lui témoigner son amour, reçoit l'inspiration de se consacrer au service des malades et de s'adresser, pour mieux connaître sa mission, à Jérôme Le Royer de la Dauversière. Celui-ci découvre enfin sa première collaboratrice, celle qui sera la fondatrice des Hospitalières de Saint-Joseph. « Il y a longtemps, mademoiselle, lui déclare-t-il, que le Seigneur m'a fait connaître que vous devez être la pierre angulaire d'une nouvelle Congrégation que nous devons ériger à sa gloire, et qui doit être dédiée à la sainte Famille sous le nom et la protection spéciale de saint Joseph. Il nous faut travailler à cette oeuvre, puisque Dieu a bien voulu nous donner une intelligence particulière pour procéder à son établissement. »

Cette même année encore, Dieu donne à Jérôme Le Royer une si claire vision de l'île de Montréal, qu'il ne la décrirait pas plus fidèlement, y eût-il déjà résidé. Du coup, le P. Chauveau cesse de traiter le projet de chimère, et il engage son pénitent à en parler au baron de Fancamp, un riche gentilhomme désireux de bien servir Dieu, qui s'offre aussitôt comme associé de l'entreprise. Dès lors, l'oeuvre de la fondation de Montréal est lancée. D'année en année, et presque toujours par des voies merveilleuses dont le récit déborderait par trop le cadre de cette étude, de nouveaux collaborateurs viennent s'adjoindre : Jean-Jacques

Olier d'abord, puis le baron de Renty, puis
d'autres encore qui formeront le premier noyau
de la Société de Notre-Dame de Montréal. Le
17 décembre 1640, cette société devient propriétaire sans conteste de l'île de Montréal et
se met sans retard en devoir de la coloniser.
Tel est, dans ses grandes lignes, le dessein
auquel Dieu va peu à peu convier Jeanne
Mance à collaborer.

La lutte entre la nature
et la grâce

Vers la mi-avril de 1640, un peu après la fête de Pâques qui tombe le 8 avril cette année-là, le cousin Nicolas Dolebeau, alors chapelain de la Sainte-Chapelle à Paris, arrive à Langres pour y rencontrer sa famille. Vient-il annoncer le départ pour le Canada de son frère Jean, le jésuite, ou, mieux encore, l'accompagne-t-il dans la visite d'adieu qu'il fait à ses parents ? Les documents sont muets à ce sujet. Mais il est certain que l'embarquement du P. Jean Dolebeau pour la mission de Miscou date du printemps de 1640, et que la nouvelle de son départ ne reste pas ignorée à Langres. Il est certain aussi que Nicolas Dolebeau est bien au courant de ce qui s'est passé en la Nouvelle-France, l'année précédente. Qu'il ait apporté à Langres, en ce voyage d'avril 1640, un exemplaire de la *Relation* de 1639, ou qu'il se soit borné à raconter ce qu'il y a lu, cela importe peu. Ce qui est assuré, c'est que, comme le rapporte Dollier de Casson, « parlant de la Nouvelle-France avec beaucoup de zèle (devant sa cousine Jeanne Mance), il loue extrêmement Notre-Seigneur de ce qu'il s'y voulait maintenant faire servir par l'un et l'autre sexe, ajoutant que depuis peu une personne de qualité nommée Mme de la Peltrie y avait amené des Ursulines, que Mme d'Aiguillon y avait fondé des Hospitalières, et qu'enfin il y avait bien des apparences que Dieu y voulait être particulièrement honoré ».

Voilà qui parle au coeur de Jeanne Mance ! Le départ de son cousin Jean Dolebeau, tout en éveillant des souvenirs du jeune âge, a déjà provoqué un juste sentiment d'admiration; l'exemple des religieuses missionnaires et surtout de leur compagne, Mme de la Peltrie, une laïque comme elle, suscite un sentiment plus fort encore. Dieu, lui semble-t-il, répond enfin à sa longue attente d'un signe sur ce qu'il attend d'elle, il accepte l'offrande qu'elle n'a jamais révoquée « d'être toute à lui et de souffrir quelque chose pour se rendre plus conforme à Jésus-Christ ». Mais, en même temps, un sursaut de la chair lui fait éprouver comme une crainte, devant l'immensité du sacrifice à consentir; au fond de son coeur, qui allait s'abandonner à la joie d'avoir enfin trouvé sa voie, une violente lutte s'agite, lutte entre la nature et la grâce, que Dollier de Casson va nous dépeindre.

« A mesure qu'elle entendait ce discours, écrit-il, son coeur se laissait tellement surprendre par les mouvements les plus secrets et les plus forts de la grâce, qu'ils le ravirent entièrement à lui-même, et le firent venir malgré lui en Canada, par ses désirs et par ses vues. Lors, tout étonnée de se voir en cet état, elle voulut réfléchir sur la faiblesse de sa complexion, sur ses maladies passées, enfin elle se voulut munir de plusieurs raisons pour s'exempter d'obéir à ces divins attraits; mais tant plus elle retardait, plus elle était inquiétée par la crainte de l'infidélité à ces mouvements célestes; son pays natal lui était une prison, son coeur y était sur les épines, que si elle les voulait découvrir à son directeur (pour qu'il les en arrachât), elles étaient si abondantes, si fichées en avant, qu'après avoir bien travaillé il perdait l'espérance d'en venir à bout. »

Cet état de lutte dure jusque vers la fête de la Pentecôte. À cette époque, la grâce triomphe, et Jeanne Mance s'entend dire par son confesseur, qui renonce à la détourner plus longtemps de son projet : « Allez, mademoiselle, allez en Canada; je vous en donne la permission ! » Il lui conseille en même temps de se rendre à Paris, et là, de s'adresser au P. Charles Lalemant, procureur des missions du Canada, qui la guidera dans les démarches à entreprendre. Quand la nouvelle s'ébruite à Langres du prochain départ de Jeanne Mance pour la grande ville, et des raisons qu'elle allègue, plus d'un hoche la tête et sourit d'un air entendu. Par motif de prudence, elle n'a pas dévoilé le véritable but de son voyage, « feignant en sa maison, écrit Dollier de Casson, de n'y vouloir aller qu'afin d'y voir ses parents ». — « Bien imaginé, ma foi, murmure-t-on, ce voyage à Paris, sous prétexte d'y aller voir sa parenté ! Elle y va pour s'y faire voir, comme font bien d'autres. » Mais Jeanne Mance reste sourde à ces propos malveillants; elle n'écoute plus que la voix de la grâce, qui la sollicite irrésistiblement. Insensible à la raillerie, aux mauvais soupçons, aux perfides insinuations, sans même se demander quelle tâche précise l'attend, tellement est grande sa confiance en Dieu, le 30 mai, mercredi d'après la Pentecôte, elle s'éloigne de sa ville natale, en route vers la grande entreprise dont elle ignore encore les détails, les ouvriers et même le nom.

La recherche du bon plaisir
de Dieu

A nos intelligences bornées dans le temps et dans l'espace, les voies de l'Eternel apparaissent souvent pleines de mystère. Il met des années à se former des ouvriers pour des tâches que nous croyons pressantes, et qui le sont en vérité; il leur enseigne à demander avec instance que son règne s'étende sur les âmes; il allume en leur coeur une sainte ardeur à se dépenser à l'extension de ce règne; mais, comme pour éprouver leur constance et les maintenir dans l'humble sentiment de leur dépendance, sa grâce le plus souvent ne leur révèle que progressivement le genre de service qu'il attend d'eux. Ainsi entrait-il dans les desseins de Dieu que Jeanne Mance ne connût sa vocation que par étapes.

A son arrivée à Paris dans les derniers jours de juin, elle est accueillie par son cousin Nicolas Dolebeau, le chapelain de la Sainte-Chapelle. Elle réside chez des parents, non loin du noviciat des Jésuites, peut-être chez sa soeur aînée Marguerite, dont on sait que, en 1650 au moins, elle habitait dans ce voisinage, au quartier de Saint-Germain-des-Prés. Tout entière à son projet, elle reste insensible aux attraits et aux sollicitations de la grande ville, ne se mêlant qu'autant qu'il était nécessaire à la vie sociale des parents chez qui elle s'est retirée. « Tous ses entretiens étaient du Canada, nous rapporte Soeur Morin, n'en ayant point

d'autres en lesquels elle prît plus de plaisir. »
C'est dire qu'elle parle peu, qu'elle sort rarement, se tenant toujours sur une prudente réserve; pas plus à ses parents de Paris qu'à ceux
de Langres, elle ne veut dévoiler, avant d'être
mieux éclairée, le motif de sa venue. Aussi
Dollier de Casson écrit-il que, « sans perdre
beaucoup de temps, elle alla voir le P. Charles
Lalemant qui, à sa deuxième visite, l'encouragea
grandement et lui dit des merveilles touchant
les desseins que Dieu avait sur la Nouvelle-
France ». Ce début prometteur allait cependant
être suivi d'une longue période d'incertitude et
d'attente, où une âme moins fortement trempée
se serait lassée.

Les merveilles sur la Nouvelle-France, dont
le P. Lalemant entretient Jeanne Mance sans
pourtant les lui dévoiler encore, c'est l'ensemble
des démarches entreprises pour la fondation
d'une colonie en l'île de Montréal. Peu de jours
auparavant, Jérôme Le Royer s'est ouvert de
son projet au jésuite, et il l'a même engagé à
l'accompagner chez M. de Lauzon avec le baron
de Fancamp, pour traiter de la cession de cette
île aux mains de la Société de Notre-Dame de
Montréal, récemment formée. De fait, le P. Lalemant se met bientôt en route et se rend à
Vienne en Dauphiné, non sans avoir ménagé
à Jeanne Mance, avant son départ, une entrevue avec le P. Jean-Baptiste Saint-Jure, recteur
du noviciat des Jésuites et l'un des guides spirituels les plus éclairés du temps. De cette entrevue dont elle attend beaucoup, Jeanne Mance
sort, sinon déçue, du moins guère mieux ren-
seignée. Le prudent directeur, qui sait qu'en
matière de vocation extraordinaire une illusion
est toujours possible, qu'en pareil cas toute décision demande à être longuement mûrie, « lui

dit peu de chose, n'approuvant ni ne désapprouvant rien sur le sujet de sa vocation. Or, poursuit Dollier de Casson, comme le P. Saint-Jure était fort occupé, elle fut trois mois ensuite sans lui pouvoir parler ».

Pour décevant qu'il était, ce délai ne fut pas temps perdu. Le séjour prolongé de Jeanne Mance chez ses parents l'amène peu à peu à nouer des connaissances qui lui seront fort précieuses dans la poursuite de son dessein. C'est ainsi, entre autres rencontres, qu'elle est présentée à une femme d'oeuvres renommée pour sa piété et sa générosité, Mme de Ville-Savin. Toutes deux ont tôt fait de se lier d'amitié; leurs rencontres se font plus fréquentes, et elles en viennent assez vite aux confidences. A Jeanne Mance qui exprime un jour devant elle son regret de ne pouvoir plus communiquer aisément avec le P. Saint-Jure, Mme de Ville-Savin promet de la faire recevoir dès le lendemain, fallût-il forcer la consigne, par ce Père qui est aussi son directeur. Et elle tient promesse.

Le lendemain, comme les deux visiteuses se levaient pour se retirer, le P. Saint-Jure manifesta son désir de parler en particulier à Jeanne Mance. « Il le fit, écrit Dollier de Casson, avec beaucoup de force et ouverture de coeur, l'assurant que jamais il n'avait vu tant de marque de la volonté du bon Dieu qu'en sa vocation, qu'elle ne la devait plus dissimuler comme elle avait fait jusqu'alors, que c'était une oeuvre de Dieu, qu'elle s'en devait déclarer à ses parents et à tout le monde. Ces paroles, ajoute le même auteur, dilatèrent tellement son coeur, qu'elle ne pouvait l'exprimer. » Ainsi rassurée sur sa vocation, Jeanne Mance va-t-elle enfin trouver une complète paix ? Les paroles du P. Saint-Jure ont sans doute dissipé l'incertitude qui l'a si longtemps tourmentée; elle en a désormais le sentiment bien profond, c'est la grâce de Dieu qui parle à son coeur, et qui l'invite instamment à se rendre au Canada. Cette ferme assurance n'est pourtant qu'un répit. Des épreuves d'un nouveau genre vont bientôt l'assaillir.

Elle doit d'abord, première épreuve, subir l'assaut de ses parents qui cherchent par tous les moyens à la faire renoncer à son départ. Dès qu'elle leur révèle son projet, ils lui objectent, comme autant d'obstacles, sa condition, sa santé, ses maladies passées, la modicité de ses ressources, son âge même, et jusqu'à l'imprécision de la tâche à laquelle elle se prétend appelée; pour bien servir Dieu, est-il vraiment nécessaire de courir pareille aventure ? Deuxième épreuve, la nouvelle de sa décision a bientôt franchi le cercle intime de la famille. Quand la rumeur se répand de l'approbation donnée par le maître en spiritualité qu'est le P. Saint-Jure, un sentiment de curiosité sympathique s'éveille autour de Jeanne Mance, dans les milieux dévots du grand monde parisien; on veut la connaître, apprendre de sa bouche le pourquoi et le comment d'une détermination aussi peu banale. « Incontinent après, écrit Dollier de Casson, cela se divulgua de toutes parts, et comme la chose en ces temps-là était comme inouïe, cela fit grand bruit, surtout chez les dames, qui prenaient plaisir à faire venir cette demoiselle, et de l'interroger sur une vocation si extraordinaire; la Reine elle-même la voulut voir... »

En plus d'être convoquée en audience auprès d'Anne d'Autriche, Jeanne Mance a dû aussi paraître en de nombreux salons, chez Mme la princesse de Condé, chez Mme la

La reine Anne d'Autriche reçoit Jeanne Mance au Louvre.

chancelière Séguier, chez bien d'autres encore.
Toutes ces visites lui ménagent sans doute pour
l'avenir, à elle et à son oeuvre, de précieuses
sympathies; mais ce n'est pas, pour le moment,
la pensée qui domine en son esprit. Elle ressent plus vivement le malaise où la met cette
espèce de publicité qui se fait autour de son
nom, et qui répugne profondément à l'humble
sentiment qu'elle se forme d'elle-même. Il y a
surtout l'embarrassante et inévitable question
qu'on lui pose à chacune de ces visites : « Enfin,
mademoiselle, à quelle tâche précise prétendez-
vous vous employer là-bas ? » A cela, non sans
timidité, mais malgré tout avec l'accent d'une
inébranlable confiance en la Providence, Jeanne
Mance ne trouve à répondre « qu'une seule
chose, qu'elle sait bien que Dieu la veut dans
le Canada, mais qu'elle ne sait pas encore
pourquoi, qu'elle s'abandonne aveuglément,
pour tout ce qu'il voudra faire d'elle ».

L'automne de 1640 s'était ainsi écoulé, pour
Jeanne Mance, dans des alternances de joies
et d'épreuves. L'hiver venu, arrive à Paris un
religieux de grand mérite qu'elle avait déjà rencontré à Langres, le P. Charles Rapine, des
Frères Mineurs Récollets, provincial de la pro-
vince de Saint-Denis. Elle s'empresse aussitôt
de lui rendre visite et de lui exposer « les
choses comme elles étaient ». Le P. Rapine con-
firme en tout point le jugement du P. Saint-
Jure. Comme lui, il approuve le dessein de
Jeanne Mance et son abandon à la volonté de
Dieu, ajoutant toutefois que, s'il « fallait qu'elle
s'oubliât elle-même, il était bon aussi que
d'autres en eussent le soin nécessaire ». Passant
immédiatement des conseils aux actes, « quelques jours après, il lui manda qu'elle eût à se

tenir prête pour aller chez Mme de Bullion, quand on la viendrait quérir ».

D'après Soeur Morin, Jeanne Mance avait déjà ouï parler de Mme de Bullion par un Père de la Doctrine chrétienne qui était son confesseur, et qui, comme tel, « savait bien ses sentiments ». Celui-ci avait fortement conseillé à Jeanne Mance « de rendre visite à cette dame, mais comme elle ne savait pas le motif que ce bon Père avait de lui donner cet avis, elle ne s'était pas pressée d'y aller, joint que, étant fort dévote, elle fuyait le grand monde ».

Angélique Faure, dame de Bullion, chez qui le P. Rapine invitait à son tour Jeanne Mance, était la veuve du surintendant des Finances de France, décédé quelques semaines auparavant. Laissée en possession d'un riche héritage, cette femme sincèrement dévote s'intéressait à toutes les oeuvres de bienfaisance, leur consacrant la majeure partie de son temps, et distribuant en aumônes, avec une libéralité parfois royale, une large part de son revenu. La fondation de l'Hôtel-Dieu de Québec par Mme la duchesse d'Aiguillon, en 1639, avait éveillé en son coeur généreux un juste sentiment d'émulation. « Elle fut touchée, écrit Soeur Morin, du désir d'en faire autant en faveur de la nouvelle colonie du Montréal qu'on commençait actuellement, mais elle ne voulait point être connue avoir aucune part à cette oeuvre, pour des raisons de prudence et d'humilité chrétienne très louables, et attendait ainsi en silence que l'occasion s'offrît comme elle le souhaitait. » Cette occasion, le P. Rapine venait l'offrir à Mme de Bullion, en proposant de lui amener Jeanne Mance.

Au jour marqué, un après-dîné, celle-ci se présente donc à l'hôtel de Bullion. « Etant arrivée, raconte Dollier de Casson, elle trouva son bon Père Rapine avec cette pieuse dame, laquelle prit grand plaisir à l'entretenir, se conjouissant merveilleusement avec elle de l'abandon où elle se trouvait au bon plaisir de Dieu; ensuite, après avoir beaucoup causé avec elle, elle la congédia la priant de la revenir voir. À sa quatrième visite, poursuit notre auteur, elle lui demanda si elle ne voudrait pas bien prendre le soin d'un hôpital dans le pays où elle allait, parce qu'elle avait le dessein d'y en fonder un, avec ce qui serait nécessaire pour sa propre subsistance; que pour cela, elle eût été bien aise de savoir quel était (le montant de) la fondation de l'hôpital de Québec, faite par Mme d'Aiguillon. Mlle Mance lui avoua que la faiblesse de sa complexion, jointe à sa mauvaise santé depuis dix-sept ou dix-huit ans, ne devait pas permettre de faire un grand fonds sur sa personne, que néanmoins elle s'abandonnait entre les mains de Dieu, pour l'exécution de ses bons plaisirs, tant à l'égard des pauvres, que de tout ce qu'il lui plairait; que quant à la fondation de l'hôpital de Québec, elle ne savait pas ce qu'elle était, mais qu'elle s'en informerait. »

Sur cet important entretien, Soeur Morin apporte un supplément de détails. En s'ouvrant ainsi de son dessein de fonder un hôpital, Mme de Bullion réclame de sa confidente le plus inviolable secret, non pas sur l'oeuvre même, mais sur le nom de son auteur; celle-ci le promet sur-le-champ, tout en demandant « du temps pour connaître par ses directeurs, si c'était la volonté de Dieu qu'elle se chargeât de la conduite de cette oeuvre, qui était grande et bien au-dessus de ses forces ». Et Jeanne Mance, toujours d'après Soeur Morin, « de re-

*Jeanne Mance est présentée à Mme de Bullion
par le R. P. Rapine, récollet.*

commander aussitôt cette affaire à tout ce qu'elle connaît de serviteurs de Dieu, et de faire une retraite de dix jours sous la conduite du P. Saint-Jure, lequel l'assure de nouveau que Dieu la veut en Canada, et qu'elle doit, par conséquent, accepter l'offre qu'on lui fait, sans aucun égard à son infirmité corporelle, ni à sa délicatesse naturelle ».

Forte de cette réponse, qu'elle regarde avec foi comme l'expression finale de la volonté divine, écartant du même coup définitivement les derniers doutes sur sa vocation, Jeanne Mance se hâte de retourner chez Mme de Bullion, pour lui annoncer son acceptation. Elle lui apporte en même temps les renseignements demandés sur la fondation de la duchesse d'Aiguillon, et reçoit l'assurance « qu'elle n'en doit pas moins attendre de sa libéralité ». Dès lors, entre les deux nouvelles associées, les visites se multiplient, dont chacune est marquée par le paiement d'un acompte sur la somme que Mme de Bullion a résolu de donner, « en outre de plusieurs bijoux de dévotion de grand prix, et de son portrait en miniature dans une boîte d'agate enchâssée en de l'or et enrichie de perles fines ». — « Mlle Mance, rapporte encore Soeur Morin à ce propos, reçut son argent à plusieurs reprises ou paiements... Elle m'a raconté elle-même plusieurs fois, fort agréablement, qu'elle se faisait porter en chaise et que, un soir, ses porteurs lui dirent : *Mais d'où vient, mademoiselle, que quand vous venez ici, vous êtes moins pesante que quand vous en sortez ? Assurément, cette dame vous aime et vous fait des présents !* Ce qui lui donna beaucoup de crainte d'être volée et peut-être tuée, ajoute la narratrice, et ce qui lui fit prudemment changer de porteurs et aussi d'heure, pour aller voir madame. »

« Enfin, écrit Dollier de Casson, après toutes ces visites le printemps arriva, auquel il fallait exécuter les desseins de Dieu; il n'était plus temps de parler, il fallait agir : c'est ce à quoi notre demoiselle se prépara avec une gaieté et une promptitude non pareilles. Elle alla pour cet effet prendre congé de sa dame..., mais cela ne se fit pas sans peine, surtout à l'égard de cette bonne dame, laquelle avait bien du dé- plaisir de ne pouvoir pas donner au Canada son corps aussi bien que sa bourse, afin d'y venir prendre part aux premiers hommages qui ont été rendus au Souverain de l'univers. »

L'engagement définitif

Deux ports d'embarquement s'offraient à Jeanne Mance, où des navires appareillaient alors pour la Nouvelle-France : celui de Dieppe, que ses parents lui recommandaient avec instance, « afin de la pouvoir accompagner jusqu'au bord de l'océan », et celui de La Rochelle, qu'elle choisit « pour sacrifier et rompre au plus tôt les liens de la chair et du sang », et plus encore parce qu'elle était assurée d'y trouver « des prêtres qui passaient en Canada, et qu'ainsi elle aurait la messe pendant le voyage ». Cela, elle l'avait appris soit par le P. Lalemant, soit par le P. Saint-Jure, soit encore par le P. Jacques de la Place, qu'elle avait rencontré à Paris et qui retournait cette année-là même à Québec. Son choix arrêté, elle avait écrit à Jérôme Le Royer, qu'elle ne connaissait encore que « comme l'âme de cette affaire, lequel lui manda de faire diligence, et qu'elle se rendît à La Rochelle dans un certain temps, que là, ils se parleraient à loisir et à coeur ouvert ».

« Elle partit donc, écrit Dollier de Casson, et surmontant par son courage les fatigues d'un voyage qui d'ailleurs eût été impossible à un corps tel que le sien pour lors, elle arriva au lieu tant désiré de son embarquement, où la Providence lui assigna un logis tout proche les Jésuites, sans qu'elle sût où elle allait. » Dieu l'avait d'ailleurs partout protégée le long de la route qu'elle venait de parcourir, depuis Paris jusqu'à La Rochelle, « disposant tellement le monde à son égard, qu'elle était bien reçue en tous lieux; même à peine voulait-on de son argent, après l'avoir bien traitée, quand elle sortait des hôtelleries. Il est vrai, remarque ici Dollier de Casson, qu'il était bien juste que Dieu, qui est le maître de tout le monde, lui donnât la grâce de gagner les coeurs d'un chacun pour la récompenser de ce que, faible et seule comme elle était, elle osait néanmoins tout entreprendre pour sa gloire, sous l'espérance de son unique soutien ».

Le voisinage de la résidence des Jésuites et du logis où Jeanne Mance est descendue lui permet d'aller, le jour même de son arrivée, saluer le P. de la Place. Tout joyeux de la revoir, ce Père lui exprime d'abord la crainte qu'il a éprouvée qu'elle n'arrivât pas avant le départ des navires, puis il ajoute : « Voyez-vous ce gentilhomme qui m'a quitté, afin que j'eusse la liberté de vous parler ? Il a donné vingt mille livres cette année pour une entreprise qui regarde ce pays-là; il s'appelle le baron de Fancamp et est associé à plusieurs personnes de qualité, lesquelles font de grandes dépenses pour un établissement qu'ils veulent former dans l'île du Montréal. » S'étant ensuite informé de la maison où elle logeait, et ayant appris que son hôtesse était une huguenote, il s'emploie aussitôt à lui trouver meilleur logis.

Le lendemain, comme Jeanne Mance allait entrer chez les Jésuites pour y rencontrer de nouveau le P. de la Place, Jérôme Le Royer sortait de leur chapelle. Jamais encore ils ne se sont rencontrés, mais « Dieu leur imprime en l'esprit une connaissance de leur intérieur et de leur dessein si claire », qu'ils se reconnaissent, se saluent, et remercient Dieu de ses faveurs. Jérôme Le Royer expose alors dans le détail, et « avec une ouverture de coeur admi-

rable », tout le dessein des Messieurs et Dames
de la Société de Notre-Dame de Montréal, depuis le premier appel qu'il a entendu en février 1630, jusqu'à l'engagement récent du chef
de l'expédition, Paul Chomedey de Maisonneuve, ce moine-soldat qui ne veut connaître
de son métier que les austères ôbligations.
Jeanne Mance retrace à son tour devant lui
toutes les étapes de sa vocation; « elle parlait
de ses matières comme un séraphin, note
Soeur Morin, et bien mieux que plusieurs
Docteurs ne sauraient faire ! » C'est alors que
Jérôme Le Royer lui avoue le besoin où sont
ses associés et lui d'une personne désintéressée
comme elle. « Nous avons bien en M. de Maisonneuve, lui dit-il, une personne d'engagée
pour le dehors, à la guerre; mais il nous est
nécessaire d'avoir une personne comme vous,
qui ait soin du dedans, où vous servieriez assurément beaucoup Dieu. » Bref, il l'invite
de pressante façon à se joindre à leur Société.

Sur cette offre, Jeanne Mance demande à
réfléchir. Sans doute, elle se sent déjà fortement ébranlée, et par l'exposé de l'entreprise,
et par les vues apostoliques des promoteurs, et
par l'invitation pressante qu'on lui fait. Mais
il est deux points qui l'inquiètent encore, et
qui la retiennent d'acquiescer. Elle s'en ouvre
à Jérôme Le Royer les jours suivants. En se
joignant à la Société de Notre-Dame de Montréal, dont les grandes dépenses semblent annoncer d'immenses ressources, elle craint tout
d'abord de se reprendre dans l'abandon complet de tout son être à Dieu : « Si je fais cela,
objecte-t-elle, j'aurai plus d'appui sur la créature, et j'aurai moins à attendre du côté de la
Providence. — Vous ne serez pas moins la fille
de la Providence, lui réplique aussitôt Jérôme

Le Royer, car, si cette année nous avons fait une dépense de soixante-quinze mille livres, je ne sais pas où nous prendrons le premier sol pour l'an prochain. Il est vrai, ajoute-t-il comme inspiré, que je suis certain que ceci est l'oeuvre de Dieu, et qu'il le fera; mais comment ? je n'en sais rien. — Pourvu que le P. Saint-Jure l'ait pour agréable, reprend alors Jeanne Mance absolument gagnée, je m'unirai à vous, encore que je ne sois qu'une pauvre fille, faible et mal saine, qui de moi-même n'ai qu'une petite pension viagère. — Ne perdez pas de temps, lui dit Jérôme Le Royer, écrivez sans retard au P. Saint-Jure. »

Jeanne Mance écrit non seulement au P. Saint-Jure, mais à tous ses amis et conseillers de Paris. Tous l'engagent vivement à ne pas manquer d'accepter l'union qu'on lui propose; c'est infailliblement Notre-Seigneur qui veut cette liaison. Communiquée à Jérôme Le Royer, au baron de Fancamp et à M. de Maisonneuve, cette réponse leur cause une joie « non pareille », et ils accueillent Jeanne Mance en leur Société, « comme un présent que le Ciel leur fait ».

Ce premier point réglé, une seconde objection se présente bientôt. Le jour approche où l'on va mettre à la voile, et Jeanne Mance constate, non sans un certain malaise, que de tous ceux qui sont inscrits au rôle d'embarquement, elle est toujours la seule femme. « Est-il séant à une fille de ma condition, demande-t-elle, d'aller ainsi seule, en un pays inconnu et un pays inhabité, sans compagnie de mon sexe, avec une troupe d'ouvriers et d'hommes de guerre ? Et comment me trouver des compagnes, alors que le vaisseau sur lequel je dois m'embarquer n'attend que l'heure de sortir du port ? »

« Dieu qui l'avait ainsi ordonné, écrit l'auteur des *Véritables Motifs des Messieurs et Dames de la Société de Notre-Dame de Montréal*, tira bientôt Jeanne Mance et Jérôme Le Royer de cette peine. Le même jour, ils eurent avis de leurs agents qui faisaient embarquer le reste de leurs gens dans un autre port (celui de Dieppe), que deux des ouvriers retenus pour Montréal n'avaient jamais voulu s'embarquer sans leurs femmes. (Ils apprennent aussi dans le même moment) qu'une vertueuse fille de La Rochelle est soudainement si touchée pour aller à Montréal, que nonobstant l'empêchement et les remontrances qu'on lui a faites, elle est entrée en violence dans le vaisseau qui démarrait du port, résolue d'y aller servir Dieu. Et ainsi, conclut l'auteur, la bonne demoiselle ne fut pas seulement assurée d'y être pourvue d'une compagnie, mais d'y trouver une fidèle assistance. »

Désormais libre de toute préoccupation personnelle, Jeanne Mance met tout son zèle de femme prévoyante à remplir sa tâche d'administratrice du temporel de l'expédition, « à prendre le soin du dedans », comme Jérôme Le Royer l'en a priée. Déjà, à Paris, elle avait vu à faire placer avantageusement le capital destiné par Mme de Bullion à la fondation d'un hôpital. Elle songe maintenant à assurer la permanence de l'établissement de Montréal, pour lequel, lui a-t-on avoué, l'on ne savait « où prendre le premier sol l'an prochain ». A cette fin, « elle s'avisa prudemment, écrit Dollier de Casson, de prier M. de la Dauversière qu'il lui plût de mettre par écrit le dessein du Montréal et de lui en délivrer des copies, afin qu'elle

pût les envoyer à toutes les dames qui l'avaient
voulu voir à Paris, entre autres, à Mme la princesse de Condé, à Mme la chancelière Séguier,
à Mme de Ville-Savin, mais surtout à Mme de
Bullion de qui elle espérait davantage. M. de la
Dauversière estima que rien ne pouvait être
mieux pensé; il dressa le dessein et fit faire des
copies qu'il lui mit entre les mains, ensuite de
quoi elle accompagna chaque copie d'une
lettre, et en fit un paquet séparé; après, elle
lui remit le tout, afin de s'en servir selon sa
prudence lorsqu'il serait à Paris ». Un an plus
tard, déjà parvenue à Montréal, Jeanne Mance
apprendra avec joie l'heureux résultat de sa
suggestion. Des lettres venues de France lui
annonceront que, « depuis la connaissance que
l'on a eue du dessein du Montréal, par le
moyen des copies qu'on en a distribuées selon
la convention qui avait été faite entre M. de la
Dauversière » et elle-même, la Société de Notre-
Dame de Montréal « s'était tellement accrue,
que le nombre des associés se montait à quarante-cinq personnes, toutes fort qualifiées ».

Le départ

Vers la fin de mai, un navire avait levé l'ancre à Dieppe, avec dix hommes et trois femmes à destination de Montréal. Dans les premiers jours de juin, deux autres navires mettent à la voile à La Rochelle. M. de Maisonneuve est dans le premier, avec vingt-cinq hommes; dans le second, Jeanne Mance est montée avec le P. de la Place et les autres membres de la recrue. A mesure que s'éloignent les côtes de la France et que son navire cingle vers l'ouest, au gré des vents, Jeanne Mance repasse en son esprit les événements de l'année qui vient de s'écouler. Elle se revoit à Langres, en avril 1640, en compagnie du cousin Nicolas Dolebeau, écoutant tomber de ses lèvres les mots qui sonnent comme le premier appel à son lointain apostolat; elle revoit Paris et toutes les démarches qu'elle y accomplit, en quête de lumière auprès des directeurs qu'on lui désigne comme les plus éclairés; ses espoirs, ses déceptions, les longs jours passés dans l'attente d'une décision, les rencontres inespérées qui facilitent soudain son projet, l'opposition de sa famille et la tournée des grands salons parisiens, tout cela se déroule en son esprit comme un tableau vivant, où reparaissent tour à tour, parmi bien d'autres, le P. Rapine, Mme de Ville-Savin, Mme de Bullion surtout; elle entend le P. Saint-Jure lui déclarer que « jamais il n'a vu tant de marque de la volonté du bon Dieu qu'en sa vocation »; puis, c'est La Rochelle et son entrevue avec le P. de la Place, avec Jérôme Le

Royer, ses dernières inquiétudes si providen-
tiellement dissipées; et à revivre ainsi toutes les
étapes de sa vocation, Jeanne Mance reçoit l'impression vive et profonde de l'action de Dieu
sur son âme, de Dieu qui lui renouvelle, avec
l'acceptation du don qu'elle lui a fait de tout
son être aux jours de son enfance, l'assurance
de son soutien dans les tâches et les épreuves
de demain.

Et souriant à l'avenir, les yeux tournés vers
la Nouvelle-France qu'ils cherchent à découvrir à l'horizon, Jeanne Mance se laisse bercer
au roulis du navire, tandis que son coeur
s'abandonne confiant *à la grâce de Dieu*.

Deuxième partie

A la grâce de Dieu !

S'il fut donné à Jeanne Mance, avant son départ, d'avoir sous les yeux la *Relation* de 1640, elle put y lire de la main du P. Paul le Jeune et à l'adresse des Messieurs de Montréal ce grave avertissement, bien propre à dissiper ses dernières illusions, lui en restât-il encore : « Nous apprenons par la flotte de cette année, que des personnes de vertu et de courage sont en résolution d'envoyer nombre d'hommes l'an prochain; ils ont déjà fait passer des vivres pour ce dessein... J'ai déjà dit cent fois que tous ceux qui travaillent sous l'étendard de Jésus-Christ, pour lui amener des âmes, sèment dans les larmes. Je ne dirai pas à ces Messieurs qu'ils trouveront des chemins parsemés de roses; la croix, les peines et les grands frais sont les pierres fondamentales de la maison de Dieu. » Ce sont aussi les gages de son assistance, ne manqua pas de songer Jeanne Mance au souvenir de ses expériences récentes; la croix, les peines, sont la source et, souvent même, comme la condition des grâces dont Dieu soutient ceux qui ont mis en lui seul leur espoir.

L'arrivée à Québec

Des trois navires qui portaient la recrue, celui de Dieppe avait pris la mer le premier, et il arriva sans encombres à Québec. « Les hommes de travail, note la *Relation* de 1641 en signalant leur débarquement, arrivent ordinairement ici le corps et la dent saine, et si leur âme a quelque maladie, elle ne retarde guère à recouvrer bonne santé. » Les deux autres navires, partis ensemble de La Rochelle, comptaient naviguer de concert, mais huit jours après le départ, à la grande inquiétude de Jeanne Mance, un coup de vent les sépara sans qu'ils pussent ensuite se retrouver au cours du voyage. « Celui de M. de Maisonneuve, écrit Dollier de Casson, éprouva de si furieuses tempêtes, qu'il fut obligé de relâcher par trois fois; il est vrai que son vaisseau faisait beaucoup d'eau et l'obligea à cela autant que le mauvais temps. Dans les relâches, il perdit trois ou quatre de ses hommes, entre autres son chirurgien, qui lui était le plus nécessaire. » Cette perte sera toutefois compensée à Tadoussac, où l'amiral de la flotte du Canada, M. de Courpron, offre son propre chirurgien; « sachant la chose, celui-ci se présenta gaiement et fit descendre son coffre dans la chaloupe préparée pour M. de Maisonneuve, avec lequel il alla ».

« Pour Mlle Mance, elle arriva fort heureusement à Québec », poursuit Dollier de Casson, qui donne comme raison que « le vaisseau où elle était n'expérimenta quasi que de la bonasse ». Pourtant, l'on apprend d'une autre

source que, au contraire du reste des passagers
« dont les fatigues de la mer n'avaient point
altéré la santé », elle eut beaucoup à souffrir
de la traversée; inquiétude morale ou dureté
du régime de la vie à bord, ses forces sont considérablement affaiblies quand elle descend à
terre. L'air vif du pays a cependant tôt fait de
la remettre en santé. On lit à son sujet, dans
la *Relation* de 1641 : « Une jeune demoiselle,
qui n'avait point pour deux doubles de vie en
France, à ce qu'on dit, en a perdu plus de la
moitié dans le vaisseau, tant elle a souffert;
mais elle en a trouvé à Québec plus qu'elle
n'en avait embarqué à La Rochelle... L'air de
la Nouvelle-France est très sain pour l'âme et
pour le corps... »

Premières épreuves
et premières amitiés

La première démarche de Jeanne Mance, dès son arrivée, est de s'informer de M. de Maisonneuve. Les réponses qu'elle reçoit ne sont guère faites pour la rassurer. Elle a sans doute « la consolation, comme l'écrit Dollier de Casson, de savoir que les dix hommes envoyés par Messieurs de la Compagnie de Montréal, par voie de Dieppe, étaient arrivés et occupés déjà à bâtir un magasin sur le bord de l'eau; mais en même temps, elle est dans une grande sollicitude à cause de M. de Maisonneuve, dont elle ne reçoit aucune nouvelle. A Québec, on croyait communément ne pas devoir l'attendre cette année-là ». Ce qui la contriste surtout, ce sont certaines des rumeurs qu'elle entend, et les menées qu'il lui semble discerner autour de sa propre personne. Pour son oeuvre de fondation à Montréal, M. de Maisonneuve a reçu en France les plus amples pouvoirs, des pouvoirs tels, même, qu'il se trouve pratiquement affranchi de toute dépendance à l'égard des autorités de Québec. Au dire de Dollier de Casson, « cela donna lieu aux premières attaques dont cette entreprise fut éprouvée ». En effet, dans l'entourage du gouverneur, M. de Montmagny, des ambitions froissées se laissent bientôt deviner, et des sentiments de jalousie se font jour. « Quelques-uns sont surpris, semble-t-il, de n'avoir pas eu la conduite de cet ouvrage »; aussi « ne paraissent-ils pas beaucoup fâchés » du retard qu'éprouve l'entreprise par l'absence de son chef. Qu'ils aillent peut-être jusqu'à formuler l'espoir de ne le voir jamais paraître au pays, il n'y aurait pas à en être étonné ! De plus, « sachant que Mlle Mance est très nécessaire (à la réalisation) du dessein », l'on cherche insidieusement à la circonvenir, « à la détourner par toutes les voies possibles ».

Malgré cette opposition encore à demi latente, et malgré toutes ces intrigues, Jeanne Mance reste courageuse et active; elle ne laisse rien percevoir de ce qu'elle ressent. « Dieu, se dit-elle, s'est déjà trop déclaré pour notre entreprise; il n'aura garde de souffrir qu'on l'abandonne ! » Seule à Québec à représenter la Société de Notre-Dame de Montréal, elle en prend en main les intérêts, dirige et encourage les ouvriers dans leurs travaux, et veille à prévenir toute nouvelle cause de délai. Quand paraîtra M. de Maisonneuve, qu'elle ne désespère pas de voir arriver, elle veut que tout soit à point. Dans ses entretiens avec les résidents de Québec, l'impression qu'elle produit est la même qu'à Paris et qu'à La Rochelle. Son aimable simplicité, sa douceur, sa délicate charité, et cette force d'âme qui n'a d'égal que son entier abandon à la volonté de Dieu, lui ont bientôt gagné tous les coeurs.

C'est dans les deux couvents de religieuses établis à Québec, chez les Ursulines et les Hospitalières, que ses visites se font les plus fréquentes. « Toute sa joie, écrit Soeur Morin, était de les voir et converser avec elles, tant par l'amour et le respect profond qu'elle avait généralement pour les personnes consacrées à Dieu, que par la connaissance qu'elle eut de leur mérite et de leur vertu; ce qui l'engagea à leur donner son estime et à rechercher leur conversation. » Une estime réciproque animait les religieuses à son égard. « Leurs Supérieures permirent qu'elles la fissent entrer parmi elles, à cause qu'elles connurent que cette demoiselle était vraiment religieuse en vertu et piété, ce qui paraissait en elle avec éclat. »

La séduction toute religieuse qu'exerce ainsi Jeanne Mance, apparaît peut-être plus particulièrement dans sa rencontre avec la fondatrice du monastère des Ursulines de Québec. Dans son esprit, le nom de Mme de la Peltrie, une laïque comme elle, se lie étroitement à la première impression qu'elle a ressentie de sa vocation au Canada. L'on imagine avec quel accent de reconnaissance elle lui raconte l'influence de son exemple sur sa décision, et avec quelle douce émotion Mme de la Peltrie reçoit cette confidence. S'ils lui en renvoient toute la gloire, les serviteurs de Dieu ne sont pas complètement insensibles au bien qui se fait par leur intermédiaire; c'est même pour eux un motif nouveau de mieux s'attacher au service de leur Seigneur et Maître, pour lui procurer, si possible, une gloire plus grande encore. Ainsi semble-t-il en avoir été de Mme de la Peltrie. « Elle recevait Mlle Mance en son couvent, écrit Soeur Morin, avec toute l'honnêteté possible selon la petitesse et pauvreté du Canada, qui ne permet que le juste nécessaire en tout; elle lia amitié avec elle comme de soeur à soeur, lui promettant de monter à Montréal pour assister au premier sacrifice de la Sainte Messe qui devait y être célébré. »

De fait, Mme de la Peltrie s'attacha tellement à Jeanne Mance que, pendant quelque temps, elle fut tentée de quitter, pour la suivre, et la ville de Québec, et sa fondation du monastère des Ursulines. C'est du moins l'impression qu'en eut Mère Marie de l'Incarnation, qui écrit le 29 septembre 1642 : « Les personnes qui vinrent l'an passé pour établir l'habitation de Montréal, qui sont un gentilhomme et une demoiselle de France, ne furent pas plus tôt arrivés, que notre bonne fondatrice, qui nous avait amenées en Canada avec une générosité des plus héroïques, se retira avec eux. Elle reprit ensuite ses meubles et plusieurs autres choses, qui servaient à l'église et qu'elle nous avait donnés. De vous dire qu'elle a tort, je ne puis selon Dieu; car comme elle retourne dans le monde, il est juste qu'elle soit accommodée selon sa qualité; et enfin elle a tant de piété et de crainte de Dieu, que je ne puis douter que ses intentions ne soient bonnes et saintes. »

La ferme attitude
de M. de Maisonneuve

Vers le 20 août selon Dollier de Casson, aussi tard qu'en octobre d'après Soeur Morin, M. de Maisonneuve débarque à Québec, où M. de Montmagny « le fait saluer par des décharges de plusieurs canons ». A lui aussi, il tardait de connaître le sort de ses compagnons, de Jeanne Mance en particulier. Dans sa hâte d'être renseigné, il s'est fait conduire en chaloupe depuis Tadoussac, en compagnie du chirurgien que lui a si bénévolement cédé M. de Courpron. Aussitôt débarqué, il apprend « par Mlle Mance, qu'il se devait disposer à être moins bien reçu de certaines personnes, qu'il ne se le promettait; ce qu'il vit bientôt après ».

« La juste affliction qu'ils ressentaient tous les deux (de ces dispositions défavorables à leur dessein), raconte Dollier de Casson, modéra la joie qu'ils avaient l'un et l'autre de se voir dans ce lieu tant désiré, malgré les oppositions et bourrasques de la mer. Mais enfin, comme les meilleurs chrétiens sont ordinairement ceux auxquels Jésus-Christ fait la meilleure part des amertumes de son calice, surtout quand il est question de quelque illustre entreprise pour le ciel, il ne se faut pas étonner s'il commença de faire avaler quelques portions d'absinthe à ses héroïques entrepreneurs. Pour lors, ils ne furent pas longtemps ensemble, d'autant qu'il fallut que M. de Maisonneuve allât saluer

M. le chevalier de Montmagny, gouverneur de ce pays; ensuite de quoi, il alla voir les révérends Pères Jésuites et autres personnes de mérite, lesquels ne pouvaient pas être alors en grand nombre, vu que le pays ne contenait pas plus de deux cents Européens. »

« Or, poursuit Dollier de Casson, je crois qu'il est à propos de remarquer, au sujet de ces visites, que des personnes moins bien intentionnées persuadèrent à M. de Montmagny qu'il s'opposât à l'établissement du Montréal, à cause de la guerre des Iroquois, lui disant que le dessein de cette nouvelle Compagnie était si absurde, qu'il ne se pouvait mieux nommer que la *Folle Entreprise*, nom qui lui fut donné avec plusieurs autres semblables, afin, souligne le même auteur, que la postérité reconnût que cette pieuse folie était, devant Dieu et entre les mains du Tout-Puissant, accompagnée d'une sagesse plus sublime que tout ce qui peut provenir de l'esprit humain. » C'est donc « l'esprit imbu de la sorte » que M. de Montmagny parle à M. de Maisonneuve, et qu'il le déconseille de « songer à se mettre en un lieu si éloigné », offrant même de lui céder à la place l'île d'Orléans. « Au reste, lui dit-il, quand vous en auriez la pensée, la saison est trop avancée pour monter jusqu'à l'île du Montréal. »

Dollier de Casson, ancien soldat lui-même, nous a conservé la fière réponse de M. de Maisonneuve, « homme de coeur et du métier » comme il le qualifie : « Monsieur, ce que vous me dites serait bon, si on m'avait envoyé pour délibérer et choisir un poste. Mais ayant été déterminé par la Compagnie qui m'envoie que j'irais au Montréal, il est de mon honneur, et vous le trouverez bon, que j'y monte pour y commencer une colonie, quand tous les arbres de cette île se devraient changer en autant d'Iroquois. Quant à la saison, puisqu'elle est trop tardive, vous agréerez que je me contente avant l'hiver, d'aller reconnaître le poste avec les plus lestes de mes gens, afin de voir le lieu où je pourrai camper avec tout mon monde le printemps prochain. »

« M. de Montmagny est tellement gagné par ce discours aussi généreux que prudent », qu'il cesse de s'opposer davantage, comme on le souhaitait, à l'exécution du dessein. Il s'offre même à accompagner M. de Maisonneuve à Montréal, et part bientôt en compagnie d'un groupe d'hommes choisis. « Le quinzième d'octobre de l'année dernière, lit-on dans la *Relation* de 1642, jour dédié à la mémoire de sainte Thérèse, uniquement aimée et amante de la sainte Famille, M. le gouverneur, le P. Vimont et plusieurs autres personnes bien versées en la connaissance du pays, arrivèrent au lieu qu'on a choisi pour la première demeure qui se doit faire dedans cette belle île, que j'appellerais volontiers l'Ile Sainte, puisque tant d'âmes d'élite l'ont si saintement consacrée à la sainte Famille. »

Le séjour à Saint-Michel

Pendant ce voyage de reconnaissance, Jeanne Mance est demeurée à Québec. Elle s'y emploie discrètement et sans calcul, par la seule influence de la sympathie qui se dégage de sa personne, à réconcilier les esprits avec l'établissement d'un poste permanent en l'île de Montréal. C'est bien à cette influence, semble-t-il, qu'il faut attribuer l'heureuse surprise qu'éprouve M. de Maisonneuve à son retour. Un jour qu'il s'est rendu à Sillery, un bon vieillard de soixante-quinze ans, Pierre de Puiseaux, sieur de Montrenault, homme « tout zélé pour le pays dans lequel il a fait de grandes dépenses, l'interroge fort au long touchant les desseins qu'il avait pour le Montréal »; de quoi étant pleinement instruit, il offre spontanément de mettre à la disposition des Messieurs de la Société de Notre-Dame de Montréal tous ses biens: sa maison de Sainte-Foy, celle de Saint-Michel près Québec, ses meubles et tous ses bestiaux; pour tout cela, il a dépensé déjà plus de cent mille livres. « A Sainte-Foy, dit-il à M. de Maisonneuve, vous trouverez des chênes en abondance pour construire des barques; à Saint-Michel, en plus d'un logis commode, vous aurez tout ce qu'il faut pour exécuter les travaux de menuiserie nécessaires. »

Cette offre inespérée arrivait d'autant mieux à point, que M. de Maisonneuve ne savait où loger tout son monde pendant l'hiver, ni à quoi l'occuper jusqu'au départ. « Il écoutait le discours de M. de Puiseaux comme si c'eût été une voix céleste, écrit Dollier de Casson, il ne se pouvait passer d'en louer mille fois son Dieu au plus intime de son coeur; il ne se lassait point d'admirer la facilité de cet homme, lequel en un moment se trouvait disposé à quitter ce qui lui avait tant coûté, non seulement de travail, mais en son propre bien. »

Aux actions de grâces de M. de Maisonneuve, Jeanne Mance joint aussi les siennes. « Il faut bien avouer, se confient-ils dans leur joie d'être tirés si inopinément d'une embarrassante situation, que le procureur universel de ce monde a bientôt trouvé des lieux propres pour ses serviteurs, quand sa sagesse le trouve à propos ! »

L'offre est donc acceptée provisoirement, jusqu'à ratification par les membres de la Société demeurés en France, et l'on se met sans retard au travail d'installation. M. de Puiseaux livre d'abord sa maison de Sainte-Foy, et M. de Maisonneuve y place aussitôt son chirurgien à la tête d'une équipe de charpentiers, chargés de construire des barques. Cela fait, ils se rendent tous deux au domaine de Saint-Michel, situé à mi-chemin entre Québec et Sillery, et le bon vieillard se démet de la propriété de la maison qu'il y a bâtie, « le bijou du pays pour lors », note Dollier de Casson, de même que de ses meubles et de ses bestiaux. Il ne se réserve que l'usage d'une seule pièce, et déclare à Mme de la Peltrie qu'il y hébergeait depuis quelque temps : « Madame, ce n'est plus moi qui vous loge, car je n'ai plus rien ici; c'est à M. de Maisonneuve à qui vous en avez présentement l'obligation, car il est le maître de tout. »

C'est dans cette maison de Saint-Michel que Jeanne Mance va dorénavant résider, en compagnie de M. de Maisonneuve, de M. de Pui-

seaux et de Mme de la Peltrie. Le voisinage de
Sillery, où les Jésuites ont une résidence et les
religieuses Hospitalières un petit hôpital, lui
permet de prendre un premier contact avec la
population indigène. Elle ne manque pas de
s'y rendre régulièrement, et s'initie quelque
peu aux premiers rudiments des langues algon-
quine et huronne, auprès du P. Jean de Quen,
du P. Joseph-Imbert du Peron, du P. Jean de
Brébeuf surtout. Comme en fait foi le registre
des baptêmes, elle accepte plus d'une fois
d'être marraine. Chez les religieuses Hospitalières, qu'elle « visite souvent et avec une consolation réciproque », elle s'exerce à son rôle
d'infirmière. A Saint-Michel même, elle ne
néglige pas de « prendre soin des choses du
dedans », comme elle s'y est engagée. « Pendant que les ouvriers travaillent aux divers
ouvrages destinés à l'établissement de Montréal,
écrit M. Faillon, elle s'occupe aux soins du
ménage, et leur distribue à chacun, avec une
rare intelligence, les vivres et les autres objets
dont elle a seule l'administration. Quoiqu'elle
ne soit encore âgée que d'environ trente-six ans,
sa vertu lui donne une telle autorité sur ces
pieux colons, que tous la respectent et l'ho-
norent comme si elle eût été leur mère, et ont
pour ses moindres volontés une soumission
d'enfant... Ils reçoivent même de sa main les
munitions de guerre aussi bien que le reste. »
Pendant toute la durée de ce séjour à Saint-
Michel, un seul incident fâcheux vint en troubler l'heureuse quiétude. Une fois encore, les
ambitions froissées réussirent à surprendre les
bonnes dispositions de M. de Montmagny. Ce
fut le 25 janvier, à l'occasion d'une fête orga-
nisée pour célébrer le trentième anniversaire
de naissance de M. de Maisonneuve. Ce jour-là,
par les soins de Jeanne Mance, instigatrice de

toute l'affaire, les ouvriers viennent de grand matin saluer le réveil de leur chef par des décharges de mousqueterie; les travaux sont suspendus, la journée se passe en réjouissances, il y a banquet et, le soir, nouvelles salves de mousqueterie. Tout ce bruit est entendu à Québec, où l'on s'inquiète d'abord, croyant à une attaque des Iroquois, pour se formaliser ensuite, après renseignements pris. « Quelle audace de la part de ces nouveaux venus, se dit-on, d'accorder ainsi à leur prétendu chef des honneurs réservés au seul gouverneur ! » Et l'on presse ce dernier d'intervenir, d'affirmer ses prérogatives, de venger son honneur outragé. Pendant quelques semaines, M. de Maisonneuve et ses gens sont en butte aux tracasseries; un de ses hommes est arrêté et mis à la chaîne, les autres doivent comparaître pour s'expliquer de leur conduite: mesures d'autant plus pénibles pour Jeanne Mance et M. de Maisonneuve, qu'elles frappent des innocents, par crainte de s'en prendre aux véritables responsables. Mais devant l'attitude de silence et de dignité que l'on garde à Saint-Michel au milieu de toutes ces vexations, M. de Montmagny finit par se rendre compte du ridicule de la conduite qu'on lui a fait tenir, et laisse tomber l'affaire. L'incident reste donc sans conséquences durables. Mais pour Jeanne Mance, dont il a mis la patience à l'épreuve, il se présente comme une invitation nouvelle à ne compter que sur Dieu seul dans toutes ses entreprises.

Les mois d'hiver ont passé rapidement, et les préparatifs ont marché bon train. À Sainte-Foy, deux embarcations à voiles et à rames ont été construites : une lourde *gabare*, large et à fond plat, qui est destinée au transport de la cargaison; une *belle pinasse*, longue, étroite et légère, avec proue en pointe et poupe carrée. Plus rapide que la gabare, elle assurera aux voyageurs un repos plus prolongé à l'heure des étapes. Le printemps venu, quand le fleuve est suffisamment débarrassé de ses glaces, les deux embarcations sont conduites à Saint-Michel, où l'on achève de les gréer. Dans les premiers jours de mai, elles sont prêtes pour l'embarquement. Tout s'est accompli avec une telle diligence, que M. de Maisonneuve peut enfin fixer le départ au 8 mai.

Ce jour-là, à la gabare et à la pinasse, une troisième embarcation est venue se joindre. « En homme de coeur, qui n'a d'autres intérêts que ceux de son Roi et du pays où il a l'honneur de commander, M. de Montmagny a voulu participer à ce premier établissement en l'honorant de sa présence », et il arrive de Québec, en compagnie du P. Barthélemy Vimont, « pour conduire lui-même toute cette flotte au Montréal ». La Compagnie des Cent-Associés lui a d'ailleurs commis le soin de la représenter, et de mettre en son nom la Société de Notre-Dame de Montréal « en possession des terres qu'elle vient de lui donner ». Une partie des hommes s'est déjà embarquée sur la gabare. M. de Maisonneuve, avec Jeanne Mance, Mme de la Peltrie, M. de Puiseaux et le reste de la recrue de quarante hommes, monte sur la pinasse. Sur le grand fleuve, en ce clair matin de mai, la flottille se met en route, à la voile et à la rame, vers la grande entreprise, « entreprise qui paraîtrait autant téméraire qu'elle est sainte et hardie, écrira plus tard l'auteur de la *Relation* de 1642, si elle n'avait pour base la puissance de celui qui ne manque jamais à ceux qui n'entreprennent rien qu'au branle de ses volontés ».

Le 17 mai 1642

Trois auteurs, à qui l'on décerne habituellement le titre de contemporains, ont fait le récit de l'arrivée des fondateurs à Montréal : Soeur Morin, qui a écrit ses *Annales de l'Hôtel-Dieu* à partir de 1697, Dollier de Casson, qui rédige en 1672 son *Histoire du Montréal*, et l'auteur de la *Relation* de 1642, livrée à l'imprimeur Cramoisy dès janvier 1643 et signée par le P. Barthélemy Vimont, mais vraisemblablement composée par le P. Paul le Jeune, d'après les notes et documents que lui avait communiqués le signataire.

Pourquoi vouloir à tout prix opposer ces trois auteurs, quand un examen attentif des textes qu'ils nous ont laissés démontre que leurs récits, malgré une apparence de divergence, ne font en réalité que se compléter ? Soeur Morin écrit cinquante-cinq ans après l'événement, et Dollier de Casson, trente ans; leur unique source d'information est la tradition orale, facilement imprécise et incomplète, après un si long espace de temps. Qu'il se soit glissé dans leur récit quelque confusion dans les dates et dans l'ordonnance des faits, leur véracité n'en reste pas moins intacte pour cela. Dollier de Casson, d'ailleurs, en prévient honnêtement ses lecteurs. « Comme je ne souhaite point, écrit-il, tromper ceux qui se voudront donner la peine de lire cette *Relation*, je veux bien les avertir qu'ils ne peuvent pas espérer de moi que ce soit sans quelques légères erreurs pour les dates, les temps, et que je serai si fidèle à leur

Arrivée à Montréal, le 17 mai 1642

On distingue, dans le groupe des fondateurs de Ville-
Marie, Maisonneuve, Jeanne Mance, Mme de la Peltrie,
M. de Montmagny causant avec le P. Vimont, S. J.

rapporter toutes les belles actions qui se sont faites en ce lieu, que je n'en omette un très grand nombre... » Et il en énumère trois raisons : l'absolue discrétion des fondateurs, qui ne voulurent rien laisser imprimer touchant leur oeuvre; l'état de lutte presque continuelle où l'on vécut pendant quelque vingt-cinq ans à Montréal, circonstance peu propice à la rédaction de mémoires; et enfin, le peu de temps, et par conséquent de recherches, qu'il lui est loisible de consacrer à son travail.

La *Relation* de 1642 consigne laconiquement, par respect pour la volonté bien connue des promoteurs d'entourer l'oeuvre du plus profond silence, les faits essentiels de la prise de possession de l'île; elle nous parle de la première *basse messe* célébrée à Montréal, et que *dit* le P. Vimont le 17 mai. Soeur Morin et Dollier de Casson dépeignent un peu plus longuement le détail des manifestations et des actions de grâces qui accompagnent la prise de possession; ils nous décrivent, l'une surtout les préparatifs de la première *grand'messe*, *chantée* le dimanche 18 mai par le même P. Vimont, l'autre plutôt la célébration de cette même grand'messe, en y joignant le thème du sermon que prononce le célébrant.

Première grand'messe à Ville-Marie

Jeanne Mance prépare l'autel, aidée de Mme de la Peltrie
et de Charlotte Barré. Le P. Vimont s'avance pour
célébrer la messe.

Les premiers gestes
des fondateurs

Dans la soirée du 16 mai, la flottille, partie de Sillery le 8, arrive en vue du site choisi pour le débarquement, l'automne précédent. « Aussitôt qu'ils aperçurent cette chère ville future dans les desseins de Dieu, écrit Soeur Morin, et qui n'était encore que des forêts de bois debout, ils chantèrent des cantiques de joie et d'action de grâces à Dieu, de les avoir amenés si heureusement à ce terme. » Pour plus de prudence, et vu l'heure avancée, l'on décide, soit de camper sur la rive ou sur une île à quelque distance, soit même de rester à bord pour la dernière nuit. De bonne heure le lendemain, un samedi, « après avoir descendu et mis pied à terre, M. de Maisonneuve, et toute la compagnie avec lui, se jetèrent à genoux pour adorer Dieu dans cette terre, et tous ensemble rendirent les devoirs de la religion à sa Suprême Majesté ».

Dans une courte cérémonie, une simple déclaration peut-être, « M. le Gouverneur met M. de Maisonneuve en possession de l'île, pour y commencer les premiers bâtiments », et celui-ci, dans un geste symbolique, pose acte de propriétaire en coupant un arbuste d'un coup de hache; « étant gouverneur, note Soeur Morin, cet honneur lui était dû, d'abattre le premier arbre ». — « Le P. Vimont entonne alors le *Veni Creator* », et pendant que les assistants en chantent les strophes, en un tournemain, il prépare sa chapelle portative, comme il l'a

fait si souvent dans ses randonnées de missionnaire, comme il l'a fait encore les jours précé-
dents, chaque matin de beau temps, aux étapes
du voyage qu'il vient d'accomplir. « Il dit
ensuite la Sainte Messe et expose le Saint Sacrement, pour impétrer du Ciel un heureux commencement à cet ouvrage. Incontinent après,
l'on met les hommes en besogne, et l'on entreprend de faire un réduit de gros pieux, pour se
tenir à couvert contre les ennemis. » Tels sont,
d'après la *Relation* de 1642, et dans leur gran-
diose simplicité, les premiers gestes des fondateurs.

A Jeanne Mance cependant, cette dédicace
de l'entreprise par une simple messe basse a
paru par trop brève. Sa piété et sa reconnaissance envers Dieu n'y ont point trouvé leur
compte. Aussi, « pendant que les hommes travaillent à se faire du découvert pour mettre leur
vie en assurance, et à dresser les tentes pour
se mettre à couvert du plus fort des pluies et
des orages, qui, au dire de Soeur Morin, furent
grands et extraordinaires cette année-là »,
Jeanne Mance emploie-t-elle, aidée de Mme de
la Peltrie et des autres femmes, le reste de la
journée du 17 mai à préparer et à orner un
autel moins rudimentaire, « où toutes nos dames
épuisèrent leur industrie et leurs bijoux, et
firent en ces rencontres tout ce que leur dévotion leur suggéra ». — « Elles le firent avec une
joie difficile à exprimer, ajoute Dollier de Casson, et avec la plus grande propreté qu'il leur
fut possible. Elles ne se pouvaient lasser de
bénir le Ciel qui, en ce jour, leur était si favorable que de les choisir et de consacrer leurs
mains à l'élévation du premier autel de cette
colonie. Tout ce premier jour (comme le lendemain d'ailleurs), on tint le Saint Sacrement

exposé, et ce ne fut pas sans raison : car, puisque Dieu n'avait mû ses serviteurs à une telle entreprise qu'afin de le faire reconnaître dans un lieu où, jusqu'alors, il n'avait reçu aucun hommage, il était bien raisonnable qu'il se fît tenir, la première journée, exposé sur son autel comme sur son trône, afin de remplir ses saintes vues et les désirs de ses serviteurs... »

Au soir du 17 mai, grâce à la diligence que tous ont déployée, le campement est dressé et l'on a même pu élever « une espèce de fortification », un commencement de palissade, au moyen des arbres que M. de Champlain avait autrefois fait abattre. Libres de tout travail urgent, les nouveaux colons se disposent donc à sanctifier la journée du lendemain, le dimanche 18 mai, dans la prière et le repos. « Toute cette journée s'écoula en dévotions, actions de grâces et hymnes de louange au Créateur », note Dollier de Casson, « surtout de la part de nos dames, qui en firent leur principale affaire », ajoute Soeur Morin. Au cours de la grand'messe qu'il célèbre, le P. Vimont développe dans son sermon la pensée que lui inspirent de tels commencements pour l'avenir de l'oeuvre entreprise : « Messieurs, dit-il, ce que vous voyez n'est qu'un grain de moutarde, mais il est jeté par des mains si pieuses et si animées de l'esprit de foi et de religion, que sans doute il faut que le Ciel ait de grands desseins, puisqu'il se sert de tels ouvriers; et je ne fais aucun doute que ce petit grain ne produise un grand arbre, ne fasse un jour des merveilles, ne soit multiplié et ne s'étende de toutes parts. »

De cette pensée prophétique, dont l'écho résonne en son esprit jusqu'au soir, Jeanne Mance renvoie tout ce qu'elle contient de louangeur à Dieu d'abord, puis aux bons ouvriers demeurés en France, à Jérôme Le Royer, au baron de Fancamp, à Mme de Bullion, à tous les autres membres de la Société de Notre-Dame de Montréal. Pour elle-même, elle ne retient qu'un sentiment plus profond de sa faiblesse et de son impuissance; aux élans de la gratitude qui monte de son coeur, vient se mêler, ardente, la prière qu'elle adresse à Dieu de considérer l'humilité de sa servante et de la soutenir, plus encore que par le passé, de sa grâce toute-puissante.

Et pendant que sur le campement la nuit descend avec le silence, « suspendues par des filets d'une façon admirable et belle », des lucioles luisent « fort agréablement » autour de l'autel où veille le Dieu de l'Eucharistie, « honorant selon la rusticité de ce pays barbare le plus adorable de nos mystères ».

Dans le travail,
la prière et la paix

Les premiers mois du séjour à Montréal s'écoulent dans le travail et la paix. Jeanne Mance s'acquitte avec vigilance de sa tâche d'administratrice, l'oeil ouvert sur les intérêts de l'oeuvre et sur les besoins des colons. Pendant quelques jours encore, M. de Montmagny et le P. Vimont sont demeurés à Montréal. Le gouverneur ne s'est décidé à retourner à Québec qu'après s'être assuré que le poste était « tout entouré de pieux » et défendu contre les surprises de l'Iroquois. Ce premier travail terminé, les nouveaux colons se hâtent de se prémunir contre les intempéries; le dernier hiver passé à Saint-Michel et à Sainte-Foy, où ils ont expérimenté, selon la *Relation* de 1642, « les rigueurs d'un froid tout extraordinaire », leur est une pressante invitation à la prévoyance.

Une grande partie des effets et des provisions est demeurée à Saint-Michel et au magasin de Québec. « Cela, écrit Dollier de Casson, oblige M. de Maisonneuve à avoir continuellement, pendant les mois d'été, une partie de son monde occupé à la navigation; il se trouve réduit à n'avoir que vingt hommes avec lui, d'autant que, outre ceux qu'il avait sur les barques, il en avait encore d'autres à Québec, qui travaillaient au parachèvement du magasin. » Avec ces vingt hommes, il poursuit la construction d'un fort de défense, d'un logement capable de recevoir quelque soixante-dix hommes, « d'une petite chapelle de neuf à dix pieds en carré, voûtée et proprement faite, joignant la maison de Mlle Mance » et de ses compagnes, et qui sert en même temps d'hôpital.

Dans la poursuite de ces travaux, « Dieu favorisa beaucoup les nouveaux colons de ne les point faire sitôt découvrir par les Iroquois, raconte Dollier de Casson, et de leur donner le loisir de respirer un peu, à l'ombre de ces arbres dont la prairie voisine était bordée, où les chants des petits oiseaux et la vue des fleurs champêtres les aidaient à attendre avec patience l'arrivée des navires », porteurs des nouvelles de France. A défaut des Iroquois, des indigènes de nations amies viennent cependant aborder près de l'enceinte du fort. Ainsi, vers la fin de juillet, « une petite escouade d'Algonquins passant en ce quartier-là, ils s'y arrêtèrent quelques jours. Un capitaine, Atcheast, présente même au baptême son fils âgé d'environ quatre ans; le P. Joseph Poncet (qui a quitté les Trois-Rivières pour venir résider à Montréal après le départ du P. Vimont) le fait chrétien, et le sieur de Maisonneuve et Mlle Mance le nomment Joseph, au nom de messieurs et de mesdames de Notre-Dame de Montréal. Voilà, écrit l'auteur de la *Relation* de 1642 qui rapporte le fait, le premier fruit que cette Ile a porté pour le Paradis; ce ne sera pas le dernier ! »

Dans les premiers jours d'août, l'annonce impatiemment attendue de l'arrivée des navires de France vient réjouir la colonie nouvelle. Sans avoir rien perdu de leur confiance en Dieu, M. de Maisonneuve et Jeanne Mance, qui étaient partis de La Rochelle un an plus tôt, en ignorant où « l'on prendrait le premier sol pour l'an prochain », se demandaient tout de même par quelles voies providentielles les secours leur viendraient. Pierre de Repentigny, qui commandait la flotte cette année-là, voulut monter à Montréal pour communiquer lui-même les nouvelles dont il était porteur, « tant il les trouva avantageuses. Il leur apprend, rapporte Dollier de Casson, que messieurs les Associés, seigneurs de cette île, s'étaient tous offerts à Dieu par les mains de la sainte Vierge ». — « Tous ces messieurs et dames, précise l'auteur de la *Relation*, s'assemblèrent un jeudi, vers la fin du mois de février de cette année 1642, sur les dix heures du matin, en l'église de Notre-Dame de Paris, devant l'autel de la sainte Vierge, où un prêtre d'entre eux dit la sainte messe, et communia les associés qui ne portent point le caractère (sacerdotal). Ceux qui le portent célébrèrent aux autels qui sont à l'entour de celui de la sainte Vierge; là tous ensemble ils consacrèrent l'île de Montréal à la sainte Famille de Notre-Seigneur, Jésus, Marie et Joseph, sous la protection particulière de la sainte Vierge; ils se consacrèrent eux-mêmes, et s'unirent en participation de prières et de mérites, afin qu'étant conduits d'un même esprit, ils travaillent plus purement pour la gloire de Dieu et pour le salut de ces pauvres peuples, et que les prières qu'ils feront pour leur conversion et pour la sanctification d'un chacun desdits associés, soient plus agréables à sa divine Majesté. » — « Pour marquer leur bonne volonté par les effets, ajoute Dollier de Casson, ils avaient donné quarante mille livres pour l'embarquement dernier, lesquelles quarante mille livres avaient été mises en diverses denrées, dont Pierre de Repentigny amenait une partie dans sa barque. » Il amenait en outre

« une douzaine de bons hommes que ces messieurs avaient engagés, entre autres, un fort habile charpentier », Gilbert Barbier.

« Si toutes ces bonnes nouvelles réjouirent grandement un chacun de ceux qui étaient au Montréal, poursuit Dollier de Casson, M. de Maisonneuve et Mlle Mance reçurent encore une joie bien plus grande que tous les autres, lorsque, en lisant les lettres de France, ils apprirent que leur Compagnie s'était considérablement accrue. » Jérôme Le Royer avait en effet si bien fait usage des lettres de recommandation que lui avait remises Jeanne Mance à son départ de La Rochelle, que la Société de Notre-Dame de Montréal comptait maintenant quelque quarante membres, gage de survie pour l'oeuvre entreprise.

C'est sous l'impression de ces encourageantes nouvelles, et comme pour renouveler à Montréal la cérémonie du mois de février à Notre-Dame de Paris, que s'organise pour le 15 août, « fête de la glorieuse et triomphante Assomption de la sainte Vierge, la première grande fête de Notre-Dame de Montréal ». — « Je ne doute quasi pas, écrit l'auteur de la *Relation* de 1642, que les Anges tutélaires des Sauvages et de ces contrées n'aient marqué ce jour dans les fastes du Paradis ! » Dans la petite chapelle de neuf à dix pieds en carré, « et qui n'en est pas moins riche pour n'être encore bâtie que d'écorces », le beau tabernacle envoyé par les Messieurs de Paris est placé sur l'autel, où l'on a mis aussi « les noms de ceux qui soutiennent les desseins de Dieu en la Nouvelle-France. Toutes les bonnes âmes qui s'y rencontrèrent se communièrent, poursuit la *Relation*. Chacun s'efforça de bannir l'ingra-

titude de son coeur, et de se joindre avec les
âmes saintes qui nous sont unies par des chaînes
plus précieuses que l'or et que les diamants...
L'on chanta le *Te Deum* en actions de grâces
de ce que Dieu nous faisait la grâce de voir
le premier jour d'honneur et de gloire; le ton-
nerre des canons fit retentir toute l'île, et les
démons, quoique accoutumés aux foudres,
furent épouvantés d'un bruit qui parlait de
l'amour que nous devons à la grande Maîtresse ».

A la fête religieuse, qui s'est terminée par
le chant des vêpres et une belle procession,
quelques indigènes ont assisté, « bien étonnés
d'une si sainte cérémonie », et ils se sont joints
aux prières « avec beaucoup d'affection ».
Comme ils le déclarent au cours de la visite
que l'on fait ensuite « des grands bois qui
couvrent cette île, ils sont de la nation de ceux
qui avaient autrefois habité » ce territoire. Cela
éveille un moment l'espoir de les voir se fixer
à Montréal, et de les amener plus aisément,
par une vie sédentaire, à la connaissance et à
la pratique de la foi. « L'on ne s'oublia pas de
les inviter et de les presser à revenir en leur
pays », et la proposition leur en paraît sédui-
sante; mais « la crainte des Iroquois, leurs ennemis, leur donne encore trop de terreur ». Sur
quoi l'auteur de la *Relation* de 1642 remarque,
avec un à-propos que l'avenir devait démontrer :
« J'ai peine à croire qu'il y ait jamais un grand
nombre de Sauvages à Notre-Dame de Montréal,
à moins que les Iroquois ne soient domptés, ou
que nous n'ayons la paix avec eux... »

Au soir de cette journée débordante de joie
surnaturelle et de consolation, c'était rappeler
une fois encore aux nouveaux colons que leur
tâche serait ardue, et leur renouveler la pensée

déjà exprimée, « qu'on ne mène personne à Jésus-Christ que par la Croix; que les desseins qu'on entreprend pour sa gloire en ce pays, se conçoivent dedans les dépenses et dedans les peines, se poursuivent dedans les contrariétés, s'achèvent dedans la patience, et se couronnent dedans la gloire ».

A l'image de la primitive Église

« Le départ des navires, lit-on dans la *Relation* de 1642, fait ici un merveilleux silence, et applique chacun à sa famille dans une tranquillité profonde. »

Ce merveilleux silence si favorable au travail paisible et fécond, il se produit à Montréal au départ de M. de Repentigny et de ses gens. En cet établissement, tant est grande l'union qui règne entre tous, il n'y a vraiment qu'une seule famille, famille agrandie « d'une douzaine de bons hommes » depuis l'arrivée de la deuxième recrue, et dont Jeanne Mance est comme la mère.

« Depuis le départ des vaisseaux de l'an passé, écrit le P. Vimont dans la *Relation* de 1643, au chapitre *de ce qui s'est passé à Montréal*, une des choses les plus remarquables qui se trouve dans cette habitation, est la grande union et la bonne intelligence de tous ceux qui y demeurent. Il y a environ cinquante-cinq personnes de divers pays, de différentes humeurs, de diverses conditions, et tous sont d'un même coeur et dans un même dessein de servir Dieu. Chacun s'est si bien acquitté de son devoir envers Dieu et les hommes, qu'on n'a trouvé aucun sujet de se plaindre, l'espace de dix mois entiers. Le commandement a été doux et efficace, l'obéissance aisée, et la dévotion aimée de tous universellement; si bien que celui qui commande dans cette habitation a reçu une satisfaction grande de ces gens, tant des sujets que de leur capitaine, et ceux qui gouvernent l'Eglise, un contentement entier des uns et des autres. On y a fréquenté les sacrements avec profit, écouté la parole de Dieu avec assiduité, et continué les prières ordinaires avec édification. L'exemple de M. de Maisonneuve et des autres personnes de considération qui sont là, n'a pas peu contribué à cela. Les Sauvages, voyant une si grande paix entre les Français, ont été bien édifiés, ont aimé leur vertu et en ont bien parlé. » Cet effet de l'exemple sur les indigènes, et la louange qu'ils en font, parviennent même jusqu'aux lointaines missions huronnes. « Nos Pères des Hurons, assure le P. Vimont, mandent que les Sauvages sont perpétuellement à parler de Montréal, et que tôt ou tard ils y viendront tous, nonobstant la crainte des Iroquois, si l'on y est fort de secours temporel contre l'ennemi. »

De toutes ces personnes de considération dont l'exemple assure entre tous une si parfaite harmonie, Jeanne Mance n'est pas la moins influente. Son rôle ne se borne pas à donner l'exemple; il lui faut payer de sa personne et se dévouer à sa tâche d'administratrice du temporel. C'est elle qui doit pourvoir à « toutes les choses du dedans », ces multiples et minutieux détails dont s'accompagne la tenue d'une maison, et dont le soin ou la négligence influence si profondément la vie et l'humeur d'une communauté. Car c'est bien une communauté que cette habitation de Montréal. Tous ces rudes ouvriers, que le P. Vimont nous dépeint comme « différents de condition, d'âge et de naturel, pour être quasi tous de divers pays », sont astreints par la force des circonstances, selon l'auteur des *Véritables Motifs*, « à vivre pour la plupart en commun, à la manière d'une auberge »; et de cette auberge,

Jeanne Mance est comme la sympathique aubergiste. L'aménagement et la propreté du logis, la préparation et le menu des repas avec les modestes ressources dont on dispose, l'entretien et le remplacement des vêtements et de la lingerie, elle doit voir à tout cela et à bien d'autres détails, et satisfaire aux besoins et aux goûts de chacun, sans mécontenter personne. Dans les inévitables conflits d'opinion qui surgissent parfois, elle intervient avec douceur, et son aimable sourire suffit souvent à ramener la paix et la sérénité. Sa seule présence d'ailleurs, le respect qu'inspire son maintien, et cette réserve sans froideur qui reflète la pureté de son âme, sont autant d'invitations à la retenue dans les gestes et les paroles. Elle s'intéresse à tous, ranime les courages abattus, et veille avec tant de soin sur les santés que, au témoignage du P. Vimont, « malgré les inconvénients d'une nouvelle demeure en un pays désert, tous y ont vécu dans la joie, pas un n'a été malade, ce qui ne s'est encore jamais remarqué en aucune habitation nouvelle ».

« Tous ceux qui ont demeuré (à Montréal cette année-là), écrit encore le P. Vimont, ont été touchés bien particulièrement de Dieu, et ont témoigné avoir reçu beaucoup de faveurs et grâces du Ciel, puisque la vie qu'ils y ont menée a été une image de la primitive Eglise. » Dans l'éclosion de cette ferveur religieuse, Jeanne Mance a eu aussi sa bonne part. Mais son influence apparaît plus merveilleuse encore, si l'on songe que cette ferveur ne fut pas un élan passager. Elle se maintint pendant les quelque dix ans où il fallut presque continuellement vivre tous ensemble dans l'enceinte du fort, et même après. Retraçant cet heureux temps, depuis la fondation jusque vers 1653,

Soeur Morin écrit : « Ils y avaient tous demeuré jusqu'alors, sans qu'on y vît aucun différend entre eux qui pût blesser la ferveur de la sainte charité; les personnes à qui il échappait quelque mot de colère ou de mépris, en demandaient pardon, premier que de se coucher, à ceux qu'elles avaient offensés, aussi exactement que dans un monastère bien fervent et régulier. Les révérends Pères Jésuites... qui étaient les pasteurs de ce troupeau, agissaient avec eux à peu près comme un bon maître des novices, qui est toujours surveillant, qui donne pénitence à ses novices bien disposés et friands de tels morceaux, et qui reçoivent tout avec joie, par le désir qu'ils ont de se perfectionner. Il y en avait peu qui ne se confessassent et communiassent tous les huit jours, et d'autres plus souvent. On ne voyait point de péchés publics, ni de haines ou rancunes; tous n'étaient qu'un coeur en charité, toujours prêts à se servir et à parler des autres avec estime et affection. »

Dans le passage que nous venons de citer, Soeur Morin met surtout en relief l'action des missionnaires sur leurs ouailles : dans toute communauté chrétienne, cette action du prêtre exerce une nécessaire influence. Gardien et interprète de la saine doctrine, il la transmet aux laïques, afin qu'ils en imprègnent leur vie. Mais pour accomplir efficacement sa tâche, il lui faut trouver, parmi les fidèles qui lui sont confiés, des collaborateurs dévoués et persévérants, des apôtres fervents, qui loin de se renfermer en eux-mêmes, travaillent à faire rayonner autour d'eux leur conviction et leur ferveur. Là où existent cette collaboration et ce zèle, la permanence des oeuvres est assurée, si fréquent que soit le changement des pasteurs.

Il en fut ainsi à Montréal. Pendant les huit premières années de la fondation, les Jésuites en charge du poste se succèdent assez rapidement. La durée de leur séjour est déterminée, le plus souvent, par le besoin que l'on a d'eux dans l'un ou l'autre des groupes d'indigènes dont ils parlent la langue, parfois par leur état de santé, parfois aussi par leur manque d'emprise sur les colons : même entre le maître et ses novices, le concours des bonnes volontés n'amène pas toujours infailliblement la concorde. Décrivant l'état de la Résidence de l'Assomption à Montréal, à l'été de 1651, le P. Ragueneau écrit : « Nos deux Pères y ont travaillé avec tant de bonheur auprès des Français, que jamais l'on n'y avait vu une aussi étroite sympathie entre eux et nous. Il n'en avait pas toujours été ainsi jusqu'à maintenant. » Grâce au *Petit Registre des baptêmes et sépultures* conservé aux archives de la paroisse de Notre-Dame, et à d'autres documents, l'on peut retracer entre 1642 et 1650, à peu près dans l'ordre où ils vinrent desservir le poste, le nom des ouvriers suivants : Joseph-Antoine Poncet, Joseph-Imbert du Peron, Ambroise Davost, Gabriel Druillettes, saint Isaac Jogues qui y passe les deux hivers entre le retour de sa captivité et son départ pour le martyre, Jacques Buteux, tombé lui aussi sous les coups des Iroquois, Paul le Jeune qui y vient « à la requête de M. de la Dauversière, intendant des affaires de Montréal en France », Adrien Daran, Georges d'Eudemare, Jean de Quen, André Richard, Charles Albanel, Simon le Moyne.

Pour que pendant huit ans et plus, malgré la succession rapide des pasteurs et la moindre sympathie que certains inspiraient, « tous ne fussent qu'un coeur en charité, et toujours prêts à se servir et à parler des autres avec estime et affection », il fallait qu'une autre influence travaillât, constante et discrète, à maintenir entre tous la charité, « à l'image de la primitive Eglise ». Cette influence, quels autres pouvaient l'exercer plus effectivement que Jeanne Mance et M. de Maisonneuve, par l'exemple de leur entière soumission à la volonté de Dieu, de quelque manière qu'elle se manifestât; quels autres pouvaient mieux l'employer à soutenir la constance de ces bons ouvriers dont « plusieurs, dès leur départ de France, au dire du P. Vimont, ne s'étaient proposé autre motif que celui de la gloire de Dieu et de leur salut, en un lieu retiré des occasions de mal faire, et dont la seule pensée qu'ils contribuaient autant qu'ils pouvaient au salut des âmes, les faisait travailler de si bon courage, qu'il ne leur arrivait jamais de se plaindre ».

La croix sur la montagne

L'automne de 1642 s'était écoulé dans le travail et la paix. Les constructions s'élevaient « avec une telle diligence, qu'on s'étonnait tous les jours de ce qu'on voyait fait de nouveau ». Dieu avait épargné pour un temps les épreuves à ses fidèles serviteurs, mais il leur réservait encore, selon l'expression de Dollier de Casson, « une part des amertumes de son calice ». Avec décembre, l'hiver était venu, et l'on s'apprêtait à célébrer pieusement « la naissance du Fils de Dieu en terre », quand un dégel subit provoque « une crue extraordinaire » des eaux, qui menace l'habitation « d'une ruine totale ». — « Elles couvrirent en peu de temps les prairies et les lieux voisins du fort, écrit le P. Vimont. Chacun se retire à la vue de cette inondation qui s'augmente toujours, dans l'endroit le plus assuré. On a recours aux prières. M. de Maisonneuve se sent poussé intérieurement d'aller planter une croix au bord de la petite rivière, au pied de laquelle était bâtie l'habitation, et qui commençait de se déborder, pour prier la divine Majesté de retenir les eaux dans leur lieu ordinaire, si cela devait être pour sa gloire, ou de faire connaître le lieu où il voulait être servi par les Messieurs de Montréal, afin d'y mettre le principal établissement, au cas qu'il permît que les eaux vinssent à perdre ce que l'on venait de commencer. Il proposa aussitôt ce sentiment aux Pères, qui le trouvèrent bon. Il l'écrit alors sur un morceau de papier, le fait lire publiquement afin que l'on reconnût la pureté de son intention, s'en va planter la croix que le Père bénit, au bord de la rivière, avec l'écrit qu'il attache au pied; puis il s'en retourne après avoir fait promesse à Dieu de porter une croix lui seul, sur la montagne du Mont-royal, s'il lui plaît accorder sa demande. »

« Les eaux néanmoins ne laissèrent pas de passer outre, poursuit le P. Vimont, Dieu voulant éprouver leur foi. On les voyait rouler de grosses vagues, coup sur coup, remplir les fossés du fort, monter jusques à la porte de l'habitation, et sembler devoir engloutir tout sans ressource. Et cependant, chacun regarde ce spectacle sans trouble, sans crainte, sans murmure, quoique ce fût au coeur de l'hiver et en plein minuit. M. de Maisonneuve ne perd pas courage; il espère voir bientôt l'effet de sa prière, ce qui ne tarda guère: car les eaux après s'être arrêtées peu de temps au seuil de la porte sans croître davantage, se retirèrent peu à peu, mettant les habitants hors de danger, et leur Capitaine dans l'exécution de sa promesse. »

L'exécution avait été fixée au jour des Rois. Dans l'ardeur de leur reconnaissance, les ouvriers ont tôt fait d'abattre des arbres pour ouvrir un chemin vers la montagne, et de fabriquer une croix, où sont enchâssées « de belles reliques ». Pour les encourager par son exemple, s'il en est besoin, M. de Maisonneuve « met lui-même la main à l'oeuvre ». — « Le jour étant venu que l'on avait choisi pour cette cérémonie, on bénit la croix et l'on fait M. de Maisonneuve premier soldat de la Croix, avec toutes les cérémonies de l'Eglise. Il la charge alors sur son épaule, quoiqu'elle fût très pesante, marche une lieue entière chargé de ce fardeau, suivant la procession, et il plante la croix sur la cime de la montagne. » Le P. du Peron célèbre la

sainte messe, et si Mme de la Peltrie, comme le
mentionne le P. Vimont, « y communia la première », c'est que, par déférence pour son âge
sans doute, Jeanne Mance lui a cédé le pas,
pour ne recevoir qu'après elle le Pain des Anges.

A cette croix de la montagne, Jeanne Mance
reviendra souvent par la suite, retremper son
courage. Quand M. de Maisonneuve établit un
peu plus tard sa « fraternité de cinq frères et
cinq soeurs », dont toute l'étude est de s'appli-
quer à la pratique des vertus chrétiennes et des
devoirs de la charité envers leurs compagnons,
la croix de la montagne devient l'un des endroits
préférés de leurs pieuses réunions. « Ils firent,
note Soeur Morin, quantité de neuvaines et de
pèlerinages à la montagne, à pied et au risque
de leur vie, à cause des Iroquois qui pouvaient
facilement se cacher sur les chemins, et les y
attendre au passage...; cela ne refroidissait
point la dévotion de ces dames, ni la peine de
monter en haut de cette montagne raide et
escarpée, où les personnes les plus robustes
travaillent et suent beaucoup, aujourd'hui que
les chemins y sont battus. » A certains jours,
comme en fait foi un passage des *Ecrits autographes* de Marguerite Bourgeoys, un prêtre
les y accompagne et célèbre la sainte messe.
« Il arriva une fois, écrit-elle, que de quinze ou
seize personnes qui étaient là pour entendre la
messe, il ne s'en trouva aucune en état de la
servir; en sorte que Mlle Mance, qui était présente, fut obligée de la faire servir par un nommé
Pierre Gadois, qui était un petit enfant, à qui
elle suggérait les réponses et indiquait les cérémonies qu'il avait à faire. » Quand il y va du
service de Dieu, Jeanne Mance n'est jamais à
court d'industries !

Les débuts de l'œuvre
de l'hôpital

Des trois personnes de la sainte Famille, à qui l'œuvre de Montréal était spécialement consacrée, saint Joseph restait seul à n'avoir pas eu de fête solennelle. La sainte Vierge avait été honorée au jour de son Assomption; son divin Fils avait reçu un juste tribut de reconnaissance et d'hommage au jour des Rois, fête de sa manifestation aux Gentils, représentés pour lors, singulier contraste des mots, par quelques-uns de ceux que l'on désignait sous le nom de Sauvages; quant à saint Joseph, on avait bien donné son nom au premier baptisé, ce petit Algonquin âgé d'environ quatre ans, fils d'Atcheast; mais de célébration où tous étaient conviés, il n'y en avait pas eu. Le 19 mars fut le jour choisi pour satisfaire à ce devoir. Ce jour-là marquait précisément l'achèvement de la charpente du corps principal de logis, et à la joie toute religieuse d'honorer en une pareille circonstance le saint Charpentier de Nazareth, s'ajoutait l'espoir bien légitime « de quitter bientôt les méchantes cabanes que l'on avait faites à la hâte, pour entrer dans des maisons fort commodes que l'on achevait incessamment ». Dollier de Casson, qui est seul à signaler l'événement, se borne presque à dire que tout « se fit avec bien de la joie, à la pensée de voir par après tous les autres logements préparés. La charpente du principal bâtiment étant levée, écrit-il, on mit le canon dessus, afin d'honorer la fête du Patron général du pays au bruit de l'artillerie ». Mais pour Jeanne Mance, la fête prend un sens plus intime encore. Saint Joseph n'est-il pas le Patron particulier de l'hôpital qu'elle a mission de fonder ? L'on imagine avec quelle ferveur, et dans quels sentiments de confiance et d'espoir, elle lui recommande son oeuvre ce jour-là.

Cette oeuvre de l'hôpital était d'ailleurs déjà commencée. A défaut des Français, dont « pas un n'a été malade » au cours de l'hiver, des indigènes de passage ont recours aux soins de Jeanne Mance, et l'accueil qu'ils reçoivent auprès d'elle n'est pas étranger « à la croyance qu'ils ont quasi partout, que Montréal n'est établi que pour leur bien. C'est là, écrit le P. Vimont, le plus fort attrait que l'on ait pour les porter à Dieu; ce sont des chaînes d'amour qui nous les attachent fortement, et font qu'on ne trouve plus de résistance dans leurs coeurs, comme par le passé. Ils disent tous que c'est ici qu'ils veulent croire et être baptisés, et non seulement ceux qui ont déjà eu le bonheur d'y demeurer ou passer, mais même ceux des nations plus éloignées au-dessus de nous, par le seul récit qu'ils en ont ouï ».

Comme le montre la *Relation* de 1643, les indigènes vinrent en assez bon nombre à Montréal cette année-là. Ainsi, par exemple, « vers la fin de février, arriva à Montréal une bande de vingt-cinq hommes allant à la guerre contre les Iroquois, et les femmes et les enfants s'arrêtèrent ici. A deux ou trois jours de là, voici encore venir une autre bande pour la chasse, laquelle y est si excellente, que les Sauvages nous disent tous qu'ils y auraient demeuré il y a longtemps en grand nombre, s'ils y eussent eu, comme à présent, un lieu de refuge contre les Iroquois ». Pendant quelques semaines, c'est donc tout un groupe animé d'indigènes, où dominent les femmes et les enfants, qui campe auprès du fort; et déjà l'on peut se représenter, dans l'attitude où l'a fixée l'artiste Philippe Hébert, Jeanne Mance pansant maternellement un jeune enfant, qui observe tous ses gestes avec une attention mêlée de curiosité et de crainte tout à la fois.

Les *grands malades* cependant, ceux dont le cas demandait des soins prolongés, furent apparemment peu nombreux. « De tous les Sauvages, écrit un des Pères de Montréal au P. Vimont, il ne nous en demeura qu'un, nommé Pachirini, qui était arrêté par les pieds. Il a toujours voulu demeurer chez nous avec deux autres malades, dans le petit hôpital que nous y avions dressé pour les blessés, tant pour y être mieux pansé, que pour y être mieux instruit; en effet, et lui et les autres y reçurent les guérisons du corps et de l'âme. » Ces guérisons de l'âme qui accompagnent la guérison des corps, premiers fruits de son apostolat comme garde-malade, sont pour Jeanne Mance le dédommagement de tous les sacrifices qu'elle a jusque-là consentis. De son cœur, en un cantique d'action de grâces, montent ces paroles que le P. Vimont a placées en tête du chapitre consacré à « ce qui s'est passé à Montréal » : « C'est à présent que l'on voit les voeux de l'ancienne France exaucés, et que le temps de grâce est venu en ce bout du monde, où la sagesse et bonté divines commencent à se faire sentir si bénignement dans les coeurs, que sans bruit et sans voix, les anciens habitants de ces contrées y sont invités et attirés fortement par les chaînes d'amour que le seul Saint-Esprit imprime dans leurs coeurs. »

Les premiers deuils

Avec le mois de juin, l'heure des épreuves allait sonner pour Montréal. Au calme des premiers mois, va succéder une longue période d'alertes presque continuelles. À l'insu des colons, les Iroquois avaient découvert leur établissement, et ils étaient venus, au nombre de quarante, se placer en embuscade sur l'île même, à une demi-lieue au-dessus du fort, et à quelque cent pas du fleuve, « en un endroit nommé vulgairement *la Chine* », précise Dollier de Casson. « Ils y avaient même dressé un petit fort dès leur arrivée, écrit le P. Vimont; de là ils guettaient les Hurons sur la rivière, et les Français sur terre, pour en surprendre quelques-uns à l'écart, autour de l'habitation. Tout leur réussit à souhait. Le neuvième jour de juin, ils aperçurent soixante Hurons descendant dans treize canots, sans arquebuses et sans armes, et tous chargés de pelleteries. Les quarante Iroquois sortent du bois, se jettent dessus les Hurons, les épouvantent de leurs arquebuses, en prennent vingt-trois prisonniers; le reste se sauve et tâche de gagner Montréal. Les Iroquois ne s'arrêtent pas là : ils confient leurs vingt-trois prisonniers à dix de leurs camarades bien armés, et en envoient dix autres se jeter sur cinq Français qui travaillaient à une charpente à deux cents pas de l'habitation, tandis que les vingt qui restent se présentent devant le fort, et y donnent une fausse attaque par une décharge de plus de cent coups d'arquebuse. Cela donne loisir aux dix autres de surprendre nos cinq Français; ils en assomment trois, à qui ils écorchent la tête et enlèvent les chevelures, et emmènent les deux autres captifs. »

Occupés qu'ils étaient à soutenir la *fausse attaque*, les Français du fort n'ont pu secourir leurs compagnons. « La chose fut exécutée trop promptement, écrit Dollier de Casson, et vu que ces hommes étaient un peu en avant dans le bois, le vent peu favorable empêcha qu'on entendît ce qui se passait. » — « Au reste, remarque de son côté le P. Vimont, en ces rencontres et attaques, il ne faut pas parler de sortir sur l'ennemi : car comme on ne sait pas leur venue ni leur nombre, et qu'ils sont cachés dans les bois, où ils sont habitués à la course bien autrement que nos Français, les sorties ne serviraient qu'à souffrir de nouveaux massacres. »

Le lendemain, après avoir passé la nuit à se réjouir de leur prise et après avoir massacré une partie des Hurons capturés, les Iroquois s'éloignent triomphants sur le fleuve, avec les autres prisonniers. « De l'habitation, nos Français les regardaient traverser sans y pouvoir apporter remède. » Tout ce qu'ils peuvent faire, c'est de se rendre à l'endroit du massacre, et d'y ramasser les corps mutilés des trois victimes, que les Iroquois y ont abandonnés. Dans la profonde tristesse où les plonge ce premier deuil, une pensée les console pourtant, et ranime leur courage et leur foi, pendant que le P. Ambroise Davost récite les prières rituelles sur les tombes creusées près du fort. « Comme s'ils eussent prévu leur mort, écrit le P. Vimont, les Français qui ont été pris ou tués, s'y disposaient par des actes signalés de vertu, et par la fréquentation des Sacrements, dont ils s'étaient approchés peu de jours auparavant, et quelques-uns le jour même de leur prise. »

L'arrivée de Louis d'Ailleboust

La colonie était encore sous le coup de cette rude épreuve, quand, au commencement du mois de juillet, M. de Montmagny arrive de Québec, porteur des nouvelles venues de France par le premier vaisseau. Ces nouvelles sont excellentes. Selon Dollier de Casson, « elles comblent tout le monde d'une joie bien singulière, tant pour les secours qui arrivent, que pour les témoignages que le Roi donne de sa bienveillance ». Louis XIII met en effet à la disposition de la Société de Notre-Dame de Montréal un navire de trois cent cinquante tonneaux, *la Notre-Dame*, et il l'autorise à munir son établissement de la Nouvelle-France « de canons et autres choses nécessaires pour la guerre ». De plus, la Société elle-même a fait, cette année encore, « une dépense considérable » dont le détail ne sera connu que plus tard, à l'arrivée d'un gentilhomme de Champagne, nommé d'Ailleboust, qui vient avec sa femme et la soeur de sa femme.

D'après la *Relation* de 1643, les navires de France « avaient tardé plus que jamais » à arriver cette année-là. « Nous commencions à craindre quelque malheur, écrit le P. Vimont, quand enfin Dieu nous les donna en l'heureux jour de l'Assomption de Notre-Dame. Comme nous allions commencer la Messe, deux voiles parurent à une lieue de notre port. La joie et la consolation saisirent le coeur de tous les habitants; mais elles redoublèrent bien fort, quand une chaloupe nous vint donner la nouvelle des personnes qui y étaient. » Et parmi les personnes que mentionne le P. Vimont, se trouvaient, avec saint Noël Chabanel et les PP. Léonard Garreau et Gabriel Druillettes, qui appartiennent tous deux à l'histoire de Montréal, « M. Louis d'Ailleboust, très honnête et très vertueux gentilhomme, associé de la Compagnie de Messieurs de Montréal, avec sa femme et sa belle-soeur, de pareil courage et vertu », Barbe et Philippine de Boullongne.

Ces nouveaux arrivants compenseront la perte que vont faire bientôt M. de Maisonneuve et Jeanne Mance, de M. de Puiseaux et de Mme de la Peltrie. « Attaqué de paralysie et débilité du cerveau, écrit Dollier de Casson, M. de Puiseaux commença à témoigner qu'il serait bien aise de ravoir les choses dont il s'était démis, afin d'aller en France chercher sa guérison. » Toujours magnanimes, et détachés des biens périssables pour ne compter que sur Dieu, M. de Maisonneuve et Jeanne Mance se rendent à ses désirs sans discuter. Quant à Mme de la Peltrie, « voyant que Mlle Mance avait alors (en Mme d'Ailleboust et sa soeur) un secours assez considérable de son sexe, elle descendit à Québec, et l'enrichit de la perte que faisait Montréal ». D'ailleurs, ses directeurs spirituels la rappelaient discrètement là-bas. Au cours de l'automne, elle se retire chez les Ursulines, et se donnant tout à Dieu à l'exemple de Jeanne Mance, quoique par des voies différentes, elle y commence par après son noviciat. Son séjour à Montréal, en lui démontrant sa force de résistance à une vie rude, lui aura fait envisager sans appréhension, malgré son âge, l'austérité du cloître.

Ce n'est qu'en septembre que Louis d'Ailleboust et ses compagnes arrivent à Montréal.

Encore a-t-il fallu, quand ils furent en vue du poste, que M. de Maisonneuve allât lui-même leur faire escorte sur le fleuve, depuis leur barque jusqu'au fort, « à cause des embûches, et tant il est vrai qu'en dehors du seuil de sa porte on n'était pas en assurance ». — « Pour lors, raconte Dollier de Casson, M. d'Ailleboust étant en terre et un peu rafraîchi, il commença à débiter ses nouvelles. Entre autres, il leur apprit qu'une illustre associée faisait des merveilles; que pour être inconnue, elle ne laissait pas de bien faire parler d'elle; que cette année même, elle avait fait une fondation de deux mille livres de rente pour l'entretien de l'hôpital; qu'elle avait donné, outre cela, douze mille livres, tant pour le bâtir que pour le fournir de meubles; que de plus elle envoyait deux mille livres à Mlle Mance, pour les employer à sa dévotion; qu'elle faisait secrètement ses libéralités, sans dire son nom et sans qu'on pût savoir qui elle était. » Dans cette illustre associée aux grandes libéralités secrètes, Jeanne Mance a aussitôt reconnu Mme de Bullion, mais fidèle à son secret, elle n'en laisse rien voir.

En Louis d'Ailleboust, la colonie de Montréal acquiert un auxiliaire précieux. Dans leur lettre de présentation, les Messieurs de la Société de Notre-Dame l'avaient recommandé pour son adresse et sa science en tout ce qui regarde les travaux de fortification. M. de Maisonneuve s'empresse de mettre à profit ces qualités, en lui confiant la tâche d'organiser la défense de la place. Il lui laisse toute la conduite de cette entreprise, et bientôt, à « l'espèce de fortification » constituée par une palissade de pieux hâtivement élevée, succèdent de « beaux bastions » construits suivant toutes les règles de l'art militaire, et « si bons, que l'on

n'en a point vu encore de pareils en Canada ».
Au printemps de 1644, Louis d'Ailleboust fait
preuve de son esprit d'initiative par une suggestion qui obtient plein succès. « Les rudes
combats qui se firent cette année-là, écrit Dollier
de Casson, n'empêchèrent pas qu'on ne com-
mençât à faire du blé français, à la sollicitation
de M. d'Ailleboust. C'est à lui que le Canada
a l'obligation de cette première épreuve, qui
convainquit un chacun que la froideur de ce
climat ne l'empêchait pas de produire une
grande abondance de blé. » Plus tard, depuis
l'automne de 1645 jusqu'à l'automne de 1647,
quand M. de Maisonneuve doit entreprendre
coup sur coup deux voyages en France pour
affaires de famille, « il laisse le gouvernement
de son cher Montréal à M. d'Ailleboust, auquel il le recommande plus que s'il eût été un
autre soi-même ».

L'étroite collaboration qui règne entre M. de
Maisonneuve et Louis d'Ailleboust s'établit aussi
entre Jeanne Mance et Barbe de Boullongne.
« Cette dame d'une dévotion et vertu très particulière, écrit Soeur Morin, fit amitié avec
Mlle Mance, à la mode des saints qui s'aiment
en Dieu et pour Dieu, ce qui a continué autant
qu'elles ont été ensemble, vivant en union et
cordialité mutuelles, comme si elles avaient été
soeurs; tout le débat qui a paru en elles, était à
qui se déferait le plus en toutes occasions, et
à qui aurait la dernière place; elles ne s'appe-
laient point du nom de madame ou mademoiselle, mais seulement ma soeur. »

La construction de l'hôpital

Les dons abondants de Mme de Bullion, et le nombre jusque-là restreint des malades et blessés à hospitaliser, avaient inspiré à Jeanne Mance la pensée de consacrer une partie des revenus dont elle disposait à secourir les missions huronnes et à mieux loger les Jésuites en résidence à Montréal. En économe fidèle cependant, elle n'avait voulu rien décider, sans en avoir au préalable obtenu l'assentiment de la donatrice. La réponse de Mme de Bullion fut l'envoi, à l'été de 1645 apparemment, d'une copie du contrat « qu'une personne qui ne veut être connue en ce monde » avait passé, le 12 janvier 1644, avec « Bertrand Drouart, secrétaire de la Compagnie, et noble homme Jérôme Le Royer, sieur de la Dauversière »..., « pour faire bâtir et fonder un hôpital en ladite Ile de Montréal, au nom et à l'honneur de Saint Joseph, pour y traiter, panser, médicamenter et nourrir les pauvres malades dudit pays, et les faire instruire des choses nécessaires à leur salut ». C'était déjà indiquer clairement la destination des fonds qui étaient envoyés; mais comme pour marquer encore davantage sa volonté, la généreuse bienfaitrice accompagne l'envoi, du don « de deux mille livres en argent, du nécessaire de trois chapelles et de plusieurs meubles, le tout comme si Mlle Mance eût été déjà logée » en son hôpital.

Jeanne Mance et M. de Maisonneuve avaient-ils escompté une autre réponse ? Un passage du *Journal des Jésuites* invite à croire qu'ils

Jeanne Mance dans l'exercice de ses fonctions d'infirmière.

s'étaient engagés à faire construire un logis particulier pour les Pères qui desservaient le poste, et que l'entreprise était en marche quand arriva, au grand embarras de M. de Maisonneuve et de Jeanne Mance, la réponse négative de Mme de Bullion. « Lorsque j'arrivai à Montréal (au début de septembre), écrit le P. Jérôme Lalemant, on avait préparé un logis de charpente pour nos Pères, et il semblait qu'il n'y eût plus qu'à le lever. Comme on en était sur le point, les vaisseaux arrivèrent qui apportaient nouvelle et ordre de France à ceux qui commandaient à Montréal, d'employer tous les ouvriers à autre chose, savoir à dresser l'hôpital, pour lequel on avait touché de grands deniers dès les années précédentes, et cependant il n'y avait rien de commencé. M. de Maisonneuve, qui était pour lors à Montréal, avait de la peine de dire cette nouvelle à nos Pères. Je me chargeai de le faire, et de le leur faire trouver bon. Depuis, on me jeta le chat aux jambes, comme si c'était moi qui l'avais empêché. »

Cette délicate question ainsi réglée d'autorité par le P. Lalemant, la construction d'un hôpital, à courte distance de l'enceinte du fort, alla rondement. Le bois de charpente déjà préparé, et destiné au logis des Jésuites, y passa vraisemblablement, puisque, pendant toute la durée de leur premier séjour à Montréal, ces Pères n'auront jamais un toit à eux. « M. de Maisonneuve, écrit Dollier de Casson, résolut d'employer tout son monde avec la plus grande diligence qu'il se pourrait, et cela se fit avec tant de promptitude que, le 8 octobre de cette même année, Jeanne Mance fut logée et en état d'écrire à sa chère bienfaitrice, datant ses lettres de l'hôpital de Montréal. » En s'embarquant pour la France à bord de *la Notre-Dame*, le 24 octobre 1645, M. de Maisonneuve put apporter à celle qui, pour lui, demeurait toujours la bienfaitrice inconnue, ce contentement de lui annoncer que ses désirs étaient accomplis.

Avant même que M. de Maisonneuve n'ait quitté Montréal, Jeanne Mance avait déjà pu constater « que sa bonne dame avait bien eu raison de ne point acquiescer, en changeant ses charités en faveur d'une mission pour laquelle elle la sollicitait. L'hôpital ne fut pas plus tôt fait, raconte Dollier de Casson, qu'il se trouva assez de malades et de blessés pour le fournir; tous les jours les Iroquois, par leurs boucheries, y fournissaient de nouveaux hôtes : ce qui obligeait un chacun de bénir Dieu de tout son coeur, pour les saintes inspirations qu'il avait données à cette inconnue en faveur des pauvres malades et blessés de ce lieu ».

Dans sa lettre à Mme de Bullion, Jeanne Mance ne se contente donc pas de la remercier et de l'assurer de son entière fidélité à toutes ses volontés; elle lui demande encore de nouveaux secours. « Dès que la maison où je suis a été faite, lui écrit-elle, elle a été garnie, et le besoin qu'on en a, fait voir la conduite de Dieu en cet ouvrage. C'est pourquoi, si vous pouviez encore faire une charité, qui serait que j'eusse ma subsistance pour moi et pour une servante, et que les deux mille livres de rente que vous avez données fussent entièrement aux pauvres, on aurait meilleur moyen de les assister. Voyez ce que vous pourrez faire là-dessus. J'ai de la peine à vous le proposer, parce que j'ai peine à demander. Mais vos bontés sont si grandes, que j'aurais peur d'un reproche éternel si je manquais à vous mander les besoins que je sais. » L'été suivant, la réponse arrive, « bien consolante ». En plus des deux mille livres cou-

tumières, Mme de Bullion annonce à Jeanne
Mance la constitution d'une rente viagère entre
les mains de la Société de Notre-Dame de
Montréal, « afin, dit-elle, que vous serviez les
pauvres sans leur être à charge ». Et pour la
mettre encore davantage à son aise, la charitable dame déclare : « J'ai plus envie de vous
donner les choses nécessaires, que vous n'avez
de me les demander. »

En l'absence
de M. de Maisonneuve

L'année qui suivit le départ de M. de Maisonneuve fut une année de calme relatif. « La paix, l'union et la concorde ont fleuri cette année en l'île de Montréal, lit-on dans la *Relation* de 1646; l'assurance a été parmi les Français, mais la crainte a troublé de temps en temps les Sauvages. » En février, un groupe d'Agniers est venu entamer des pourparlers de paix qui se sont poursuivis jusqu'au mois de mai, et le gouverneur, M. de Montmagny, est monté de Québec pour y participer. Saint Isaac Jogues y assiste aussi, et « ce fut un bonheur, écrit le P. Lalemant, qu'il se trouvât en cette habitation, car il entretenait les Agniers dans l'affection et le désir de continuer la paix, les disposant petit à petit à lui prêter l'oreille, quand il les irait voir en leur pays ». Le P. Jogues partira en effet, au début de l'automne, « pour retourner au pays de ses croix », où il devait recueillir, le 18 octobre, la palme du martyre.

Cette paix des Agniers n'est pourtant, selon Dollier de Casson, « qu'une paix fourrée, afin de nous surprendre, explique-t-il, quand nous serions le moins sur nos gardes, ce que nous verrons malheureusement arriver aux Sauvages, nos alliés ». Quant aux Français, M. d'Ailleboust profite du répit que donne cette courte paix, pour les occuper à parachever les fortifications du fort, et à défricher des terres pour la culture. Encore, pour cet ouvrage, a-t-il soin de prescrire à ses hommes de n'y marcher « qu'armés et sur la défiance. Ils allaient donc au travail et en revenaient toujours tous ensemble, note Dollier de Casson, et au temps marqué par la cloche ». À l'hôpital, Jeanne Mance continue de se dévouer auprès des Algonquins et des Hurons, qui s'arrêtent assez nombreux à Montréal cette année-là. La *Relation* de 1646 décrit longuement quelques-uns des fruits de conversion qui s'y opèrent, et exprime de nouveau l'espoir « que cette île se peuple de Sauvages avec le temps, et que Dieu y soit par eux honoré ».

À mesure que s'écoulaient les mois d'été, le retour de M. de Maisonneuve était de plus en plus impatiemment attendu. Le 20 septembre, il débarque enfin à Québec, mais une lettre de Jérôme Le Royer, qu'apporte un navire parti après le sien, le rappelle d'urgence en France. Son beau-frère, lui annonce-t-on, a été assassiné depuis son départ, et sa mère a conçu un dessein ruineux pour ses secondes noces : deux choses qui nécessitent sa présence là-bas, par suite des complications d'affaires qu'elles créent. « Voyant cette lettre qui l'obligeait une seconde fois à s'en aller, écrit Dollier de Casson, il n'osa se rendre au Montréal. Il fallut qu'il épargnât le coeur de ses enfants pour conserver le sien; il savait que les lettres qui y porteraient ce fâcheux rabat-joie, y donneraient assez de tristesse, sans aller l'augmenter par sa présence. C'est pourquoi, quittant cette pensée, il alla cacher son chagrin au plus vite au fond d'un vaisseau, et envoya les lugubres messagers de son retour en France à son cher Montréal, qu'il consola le mieux qu'il put, par l'espérance de revenir l'an suivant sans y manquer. » Le 30 octobre, le *Journal des Jésuites* mentionne M. de Maisonneuve au nombre de ceux qui

partent par les vaisseaux, « avec bonne résolution de poursuivre quelque règlement pour
leurs affaires ».

A cette déception, allaient bientôt s'ajouter
les inquiétudes et les deuils. « Ces deux dernières années, lit-on dans la *Relation* de 1647,
les fleurs de la paix avec les Iroquois, nos ennemis, nous en avaient fait espérer des fruits
agréables et une heureuse récolte; mais la
perfidie de ces barbares survenant là-dessus,
comme une grêle sur un champ prêt à moissonner, semble avoir retardé et reculé nos
espérances. » Au témoignage du P. Lalemant,
les Iroquois « en voulaient surtout à Montréal »,
où ils avaient envoyé deux cents guerriers, et
« c'est autour de cette habitation que ces déloyaux ont le plus souvent rôdé ». Leurs premiers coups s'étaient portés sur les indigènes
alliés, mais, comme le rapporte la *Relation*
de 1647, « le trentième de novembre, jour de
saint André, deux Français s'étant un petit peu
écartés de l'habitation de Montréal, furent pris
et emmenés par ces barbares...; le bruit a
couru qu'on avait vu leurs chevelures dans le
pays des Iroquois ».

Ce qui apparaît le plus pénible aux colons,
c'est que certains des Hurons réfugiés auprès
du fort « méditaient, selon Dollier de Casson,
une lâche manière de trahir les Français, pour
captiver la bienveillance de l'ennemi... Tantôt
l'un, tantôt l'autre allait à la chasse, et revenait accompagné d'un Iroquois vers la maison
de son hôte. Il l'appelait comme s'il eût eu
besoin de quelque chose, voulant l'attirer dans
une embuscade d'ennemis; un pauvre homme
sortait-il bonnement à une telle voix, que soudain il se trouvait dans la gueule du loup. Cela
aurait réussi à ces malheureux, et ils auraient

fait périr une quantité de leurs charitables bienfaiteurs, si Dieu, qui ne voulait pas payer leurs bonnes oeuvres de cette méchante monnaie, ne les eût préservés. Enfin, plusieurs ayant été repoussés jusque dans leurs foyers, on commença à se donner de garde, et on laissa désormais crier ces basilics avec moins de compassion, sans aller s'enquérir de ce qu'ils souhaitaient ».

C'est dans cette atmosphère d'alarmes continuelles et de trahisons que vécut Jeanne Mance cette année-là. Au milieu des dangers sans cesse menaçants, elle puise son courage dans son entier abandon aux desseins de Dieu, et l'ingratitude des Hurons n'atténue en rien sa douce charité. Pour une bonne part, c'est à son intervention et à ses sages conseils, qu'on peut attribuer l'indulgence dont usent les Français à l'égard de ces traîtres. « On demandera peut-être, poursuit Dollier de Casson, d'où vient qu'on recevait ces gens, qu'on ne les faisait pas mourir ? Mais il faut considérer que l'envie que l'on avait de les gagner à Dieu, faisait qu'on se laissait aisément tromper par eux dans toutes leurs protestations, et que d'ailleurs, il était de la politique de ne les pas punir, crainte d'animer toute leur nation dans un temps où nous n'étions pas en état de nous soutenir contre tant de monde. »

En cette année 1647, les navires de France arrivèrent à Québec dans la première quinzaine du mois d'août. Quelques jours plus tard, « après que nos pauvres Montréalistes se furent longtemps entretenus de leur cher gouverneur », M. de Maisonneuve débarque à Montréal, « ce qui combla ce lieu de joie. Ce fut un coup du Ciel, raconte Dollier de Casson, que ce retour de M. de Maisonneuve, car l'effroi était si grand dans toute l'étendue du Canada,

qu'il eût gelé les coeurs par l'excès de la
crainte, surtout dans un poste aussi avancé que
celui de Montréal, s'il n'eût été réchauffé par
la confiance que chacun avait en lui. Il assu-
rait toujours les siens dans les accidents de la
guerre, et il imprimait de la crainte à nos ennemis au milieu de leurs victoires : ce qui était
bien merveilleux dans un petit poste comme
celui-ci ».

Parmi les nouvelles qu'apporte M. de Maisonneuve, la plus importante est celle du changement du gouverneur de la Nouvelle-France.
« Il avertit M. d'Ailleboust, écrit Dollier de
Casson, qu'en France, on voulait rappeler M. de
Montmagny; il lui dit de plus qu'il serait nommé
gouverneur du Canada, qu'il fallait qu'il s'en
allât en France, et que l'année suivante, il re-
viendrait pourvu de sa commission. Ce bon
gentilhomme avertit M. d'Ailleboust de toutes
ces choses, poursuit notre auteur, mais il était
trop humble pour lui dire qu'on lui avait offert
à lui-même d'être gouverneur, et qu'il avait
refusé, par une sagesse qui sera mieux connue
en l'autre monde qu'en celui-ci. » En octobre,
accompagné de M. de Maisonneuve, Louis
d'Ailleboust descend à Québec, où il s'embarque le 21, à bord de *la Notre-Dame*.

Le premier voyage
de Jeanne Mance en France

Dans les années qui vont suivre, la guerre des Iroquois se fait plus furieuse que jamais. Leurs victoires presque continuelles les enhardissent, et leur audace arrogante s'affiche de jour en jour plus grande par tout le pays. Jusqu'à ce qu'ils aient dispersé et presque anéanti la nation huronne, le gros de leurs forces se porte de ce côté. Mais ils envoient encore de leurs bandes rôder sur le Saint-Laurent. A Montréal, selon Dollier de Casson, « un pauvre homme n'était pas en assurance à dix pas de sa porte; il n'y avait morceau de bois qui ne pût être pris pour l'ombre ou la cache d'un ennemi. C'est une chose admirable comment Dieu conservait ces pauvres gens » ! Ces périls incessants ne sont pourtant pas, au début du moins, la pire épreuve de la colonie montréalaise. Avec de la prudence et du courage, avec l'aide de Dieu surtout, qu'ils regardent toujours comme leur plus ferme soutien, ces intrépides Français ne désespèrent pas de la surmonter. M. de Maisonneuve n'a rien perdu de son allant et de son esprit d'entreprise; dès 1648, « comme pour narguer davantage les Iroquois », il commence la construction du premier moulin à Montréal, « afin de leur apprendre, note Dollier de Casson, que nous n'étions pas dans la disposition de leur abandonner ce champ glorieux, et que ce boulevard public ne se regardait pas comme près de

crouler ». C'est d'un autre côté que vient la
plus forte inquiétude.

M. d'Ailleboust est revenu au Canada avec
le titre de gouverneur, à l'été de 1647; la joie
est grande à Montréal de voir un membre de
la Société de Notre-Dame occuper ce poste influent. A Jeanne Mance, il apprend les nouvelles largesses de Mme de Bullion : elle a
augmenté, par de nouveaux versements d'argent, le capital dont le revenu alimente son
hôpital, et sa prévoyante sagacité lui a fait rédiger un nouveau contrat de fondation, aux
clauses précises et détaillées, qui sera avec le
temps le plus ferme garant du respect de la
volonté des fondateurs, quand des projets de
fusion menaceront de la détourner. Mais, en
même temps, M. d'Ailleboust annonce un flé-
chissement de l'intérêt que les sociétaires de
Notre-Dame manifestent pour l'oeuvre de Montréal. « Plusieurs des notables de la Compagnie
de Montréal, précise Dollier de Casson, avaient
été divertis de ce dessein par quelques personnes qui, exprès, leur faisaient prendre le
change en faveur des missions du Levant. De
plus, ajoute-t-il, M. le Gaufre, un des plus
illustres et anciens associés, ayant laissé par
testament quatre-vingt mille livres pour fonder
ici un évêché, on avait perdu cette somme. »

Ces nouvelles sont déjà alarmantes; celles
qui arriveront à l'été de 1649 le seront encore
bien davantage. Jeanne Mance en a comme le
pressentiment. Dans son impatience de les connaître, elle est descendue à Québec, auprès
de M. d'Ailleboust, assez tôt pour s'y trouver
à l'arrivée des premiers vaisseaux. Elle y apprend bientôt que la Société de Notre-Dame de
Montréal est en voie de dissolution, et que de
quarante-cinq qu'il était, le nombre de ses

membres est tombé à neuf; qu'au départ des vaisseaux, Jérôme Le Royer était mourant, et ses affaires si mal en point, qu'une menace de banqueroute et de confiscation planait sur lui; que le P. Rapine enfin, l'indispensable intermédiaire de toutes ses relations avec Mme de Bullion, était mort en décembre 1648.

« Frappée de ces trois coups de massue, écrit Dollier de Casson, Mlle Mance fut d'abord abattue, mais s'étant enfin remise et abandonnée entre les mains de Notre-Seigneur, elle se sentit éclairée de son divin esprit et elle crut qu'elle devait repasser en France, où sa chère bienfaitrice vivait encore, afin de lui rendre compte de toute chose et faire ensuite ce qu'il lui plairait. » Cette décision prise, Jeanne Mance s'embarque bientôt, et pendant que son vaisseau vogue vers la France, « elle médite les moyens de joindre les membres de la Société de Notre-Dame », et de cimenter leur union par quelque acte authentique : « de là, selon Dollier de Casson, elle prévoit bien clairement que dépend non seulement l'hôpital, mais encore la subsistance de tout le monde et même de tout le Canada, qui ayant perdu ce boulevard (qu'est Montréal), aurait bien la mine de périr ».

De retour dans sa patrie, après huit ans d'absence, Jeanne Mance se rend en hâte à Paris pour y renouer les précieuses amitiés du passé, et y « joindre les membres de la Société de Notre-Dame ». Elle apprend avec joie que la santé de Jérôme Le Royer est rétablie. Sa présence a tôt fait de ranimer les courages, et de réveiller les sympathies. La Société de Notre-Dame se regroupe bientôt, et se choisit comme directeur M. Jean-Jacques Olier. Le 21 mars 1650, les nouveaux membres, qui ont renoncé à taire plus longtemps leur nom, signent une convention par laquelle ils reconnaissent posséder un droit collectif sur l'île de Montréal, et ils se font en même temps, en cas de décès et à l'exclusion de tous autres héritiers, donation mutuelle de tous les biens de la Société. C'est l'*acte authentique* que Jeanne Mance avait ardemment désiré; c'est l'assurance de survie donnée à la fondation de 1642 et, du même coup, à toute la colonie française d'Amérique. Qu'en serait-il advenu, en effet, sans la résistance opiniâtre qu'opposera aux Iroquois, en ces sombres années, la poignée de braves postés en avant-garde sur l'île de Montréal ? Par cette seule démarche, Jeanne Mance n'a-t-elle pas sauvé tout le Canada ?

D'autres avantages allaient encore découler de ce voyage en France. Au cours de ses entretiens avec M. Olier, Jeanne Mance est mise au courant du projet qu'a formé ce vénérable ecclésiastique d'envoyer à Montréal, quand l'heure en paraîtra opportune, quelques-uns de ses prêtres de Saint-Sulpice, et elle le pressera bientôt d'exécuter son projet. Mais c'est encore auprès de Mme de Bullion que l'accueil le plus bienveillant lui est réservé. C'était pour Jeanne Mance un devoir aussi doux que pressant d'aller rendre visite à cette inlassable bienfaitrice, et elle le remplit à plusieurs reprises. Par son intervention auprès de la Société de Notre-Dame, Mme de Bullion lui obtient la concession de deux cents arpents de terre, « pour augmenter les revenus de l'hôpital et le mettre en état de pouvoir assister les pauvres sauvages ». Non contente de ce premier bienfait, elle verse entre les mains de Jeanne Mance « une somme notable pour y envoyer des défricheurs ». C'est donc accompagnée de quelques défricheurs et de quelques filles vertueuses qui l'assisteront dans le service des malades, que Jeanne Mance arrive, « trois jours devant la Toussaint, pour consoler le Montréal dans ses afflictions, et lui apporter de bonnes nouvelles ».

Jeanne Mance sauve la colonie (1651-1653)

Jeanne Mance conseille à M. de Maisonneuve de passer
en France et l'autorise à prélever 22,000 livres de la
fondation de l'hôpital pour obtenir du secours.

Montréal est sauvé de la ruine

Depuis le printemps de 1649, de tragiques événements s'étaient succédé avec rapidité. Jeanne Mance en avaient appris une partie, avant son départ pour la France. Mais à la destruction des bourgades huronnes au mois de mars, et à la fuite éperdue de leurs habitants, à la mort glorieuse dans les tortures des deux saints missionnaires, Jean de Brébeuf et Gabriel Lalemant, est venu s'ajouter, en décembre, le martyre de saint Charles Garnier et de saint Noël Chabanel, suivi, au mois de juin 1650, de l'abandon définitif de la Huronie et du lamentable exode vers Québec des survivants de ce qui fut un jour une grande nation. Plus que jamais, Montréal est le poste d'avant-garde le plus exposé aux coups des Iroquois. Sans doute que par les soins du gouverneur, Louis d'Ailleboust, M. de Maisonneuve a reçu, au printemps de 1649, l'appui d'un camp volant de quarante hommes que commande Charles d'Ailleboust de Musseaux; cette troupe a pour mission de se porter au-devant des ennemis et de les repousser, « ce qui lui fut plus aisé que de les battre, écrit Dollier de Casson, car aussitôt qu'ils entendaient le bruit des rames de ces Français, ils s'enfuyaient avec une telle vitesse, qu'il n'était pas facile de les attraper et de les joindre ». A l'arrivée de M. de Lauzon comme gouverneur, à l'automne de 1651, l'appui de ce camp volant est retiré.

Jeanne Mance a elle-même dépeint la triste situation de Montréal, dans les années qui suivirent son retour. « Après la défaite qu'ils firent des Hurons, écrit-elle, les Iroquois, devenus beaucoup plus orgueilleux et insolents qu'ils ne l'avaient été jusqu'alors, recommencèrent à nous incommoder et à nous attaquer si souvent et si fréquemment, qu'ils ne nous donnèrent point de relâche. Il ne se passait quasi point de jours qu'on ne découvrît quelques embûches de leur part, ou qu'ils ne nous donnassent quelque alarme. Ils environnaient nos maisons et nous tenaient de si près, qu'ils avaient toujours quelques espions à l'abri de quelques souches; et cela vint à une telle extrémité, que M. de Maisonneuve obligea tous les habitants à abandonner leurs maisons, et à se retirer avec toutes leurs familles dans le fort. L'hôpital étant isolé, éloigné de tout secours, et surtout ne pouvant être assisté la nuit, les Iroquois l'eussent sans doute pris, s'ils avaient fait quelque attaque; et après avoir enlevé tout ce qu'il renfermait, ils l'auraient livré aux flammes, comme ils firent de diverses maisons. Pour éviter ce désastre, M. de Maisonneuve m'obligea aussi moi-même de me retirer dans le fort; et afin de conserver la maison de l'hôpital, il y mit une escouade de soldats en garnison pour la garder. »

Un jour de 1651, Jeanne Mance n'est-elle pas venue près de tomber elle-même aux mains des Iroquois ? Le 6 mai, une quarantaine de ces guerriers s'étaient placés en embuscade derrière l'hôpital, en un moment où elle s'y trouvait seule. Dans le même temps, comme une autre bande s'était attaquée à des colons isolés, trois Français, dont Jacques Le Moyne, sortent du fort pour les secourir, mais sont bientôt forcés de retraiter devant des ennemis si nombreux. Passant près de l'hôpital, ils en aperçoivent la porte ouverte, et viennent s'y barricader. Par un dessein providentiel, leurs ennemis n'osent les y attaquer. « Il y a bien à remercier Dieu ! » écrit Dollier de Casson en rapportant le fait. En effet, si la porte de l'hôpital avait été fermée, c'en était fait de trois braves colons; et si ces trois hommes n'avaient pas remarqué qu'elle était ouverte, les Iroquois n'auraient pas manqué de le faire, et d'y pénétrer. C'est à la suite de cet incident, sans doute, que M. de Maisonneuve obligea Jeanne Mance à se retirer dans le fort.

Malgré toutes les mesures de prudence que l'on prend, l'opiniâtreté des attaques iroquoises finit par faire des victimes. « Incessamment nous les avions sur les bras, écrit Dollier de Casson; il n'y a pas de mois, en cet été de 1651, où notre livre des morts ne soit marqué en lettres rouges par la main des Iroquois. Il est vrai que de leur côté ils y perdirent bien plus de gens que nous; mais comme leur nombre était incomparablement plus grand que le nôtre, les pertes aussi nous étaient bien plus considérables qu'à eux, qui avaient toujours du monde pour remplacer les personnes qu'ils avaient perdues dans les combats... Dans tous les lieux que l'on voulut conserver, il fallut mettre des garnisons. Tous les jours, l'on ne voyait qu'ennemis; la nuit, on n'eût pas osé ouvrir sa porte, et le jour, on n'eût pas osé aller à quatre pas de sa maison sans avoir son fusil, son épée et son pistolet. Enfin, comme nous diminuions tous les jours, et que nos ennemis s'encourageaient par leur grand nombre, chacun vit bien clairement que, s'il ne venait bientôt un puissant secours de France, tout était perdu. »

Mais ce puissant secours, qui ne peut être que la levée d'une nouvelle recrue, comment l'obtenir ? à qui le demander ? Depuis long-temps, Jeanne Mance implore à ce sujet la lumière du Ciel. Une inspiration lui vient soudain. Elle se souvient que la veuve du baron de Renty, décédé le 24 avril 1649, détient plus du tiers de la fondation payée pour l'hôpital par Mme de Bullion, et qu'elle est disposée à tout rembourser. Elle imagine alors un plan qui, s'il réussit, assurera une seconde fois le salut de Montréal. Dans un exposé des raisons qui motivèrent sa décision, et que nous citons d'après Soeur Mondoux dans son *Hôtel-Dieu*, Jeanne Mance s'explique ainsi : « Tout le monde était comme aux abois, on ne parlait que de quitter le pays... Moi, faisant réflexion sur ces choses, et avec une grande peine et angoisse d'esprit de les voir en cette extrémité, après les avoir très humblement recommandées à Dieu et à la très sainte Vierge, sous la protection de laquelle est cette habitation, la suppliant très humblement d'avoir pitié de nous et de tout ce pauvre pays désolé, il me vint en pensée qu'il y avait vingt-deux mille livres prêtes à être remboursées par Mme de Renty... », laquelle somme serait utilement employée à recruter des hommes qui sauveraient le pays.

A l'exécution de ce plan, toutefois, une difficulté s'offrait : c'était, pour Jeanne Mance, ou d'obtenir l'assentiment de Mme de Bullion sans violer le secret qu'elle lui avait promis sur toutes ses donations, ou trouver une excuse honnête qui ne détournât pas ses intentions. En fine causiste, — elle avait d'ailleurs auprès d'elle un jésuite qu'elle pouvait consulter ! — Jeanne Mance se dit que l'intention bien connue d'un donateur l'emporte sur l'expression verbale de sa donation. « Je crus, écrira-t-elle, que madame la fondatrice de notre hôpital recevrait une affliction non pareille (de la ruine de notre établissement); ainsi, comme en sa présence, je crus lui faire un plaisir indicible d'offrir de prendre cette somme de vingt-deux mille livres, pour conserver aux pauvres de cette Eglise les deux autres tiers de bien dont elle les faisait jouir, et sauver un pays où Dieu serait beaucoup honoré... Quand la fondation entière de cette bonne dame ne servirait qu'à ce seul bien, c'était assez de consolation pour elle. »

Forte de ce raisonnement, Jeanne Mance prend donc le parti de présumer la permission que l'éloignement de la donatrice ne lui permet pas de solliciter. Elle offre à M. de Maisonneuve de lui donner, en échange de cent arpents du domaine de la Société de Notre-Dame, « encore que cela ne valût pas la somme offerte », les vingt-deux mille livres de l'hôpital. « Je ne crains point d'engager ma conscience, lui dit-elle; servez-vous de cet argent pour lever du monde, afin de garantir tout le pays en sauvant Montréal. » En même temps, elle le presse fortement d'aller en France, s'entendre avec les Messieurs de Montréal. Au cours de la conversation, cependant, soit par inadvertance, soit délibérément, le nom de Mme de Bullion lui a échappé; aussitôt elle fait promettre à M. de Maisonneuve de ne pas se servir de cette confidence. Celui-ci s'y engage, comme il accepte aussi, « après y avoir pensé devant Dieu et prié », de tenter la suprême démarche que lui a suggérée Jeanne Mance. Le 5 novembre, laissant à Charles d'Ailleboust de Musseaux le soin de commander en son absence, il s'embarque de nouveau pour la France. Au moment de quitter Montréal cependant, il a solennellement déclaré : « Je tâcherai d'amener deux cents hommes, ils nous seraient bien nécessaires pour défendre ce lieu. Si je n'en ai pas au moins cent, je ne reviendrai point, et il faudra tout abandonner, car la place ne serait pas tenable. »

À Paris, M. de Maisonneuve trouve les Messieurs de la Société de Notre-Dame bien disposés à collaborer à son plan. Il saisit surtout avec joie l'occasion qui s'offre un jour à lui de rencontrer Mme de Bullion. « J'avais bien envie de lui parler, racontera-t-il plus tard à Jeanne Mance, et de lui parler de toutes choses, sans faire semblant de rien... Etant dans ces souhaits, Dieu m'en fit naître une belle occasion par le moyen d'une de mes soeurs qui avait procès contre elle. Sachant cela, je m'offris à lui donner la main pour aller chez elle, et comme je savais qu'elle n'ignorait pas mon nom, à cause du gouvernement de Montréal, je me fis nommer à la porte afin que cela lui renouvelât la mémoire. Dieu donna bénédiction à ma ruse; car l'ayant saluée, et ma soeur lui ayant parlé de ses affaires, elle s'enquit auprès de moi si j'étais le gouverneur de Montréal, qu'on disait être dans la Nouvelle-France. » La conversation ainsi amorcée, il fut facile à M. de Maisonneuve de faire connaître dans tous ses détails la pénible situation de son établissement, sans omettre de mentionner sa décision de tout abandonner, si ses démarches n'aboutissaient pas. « Ce qui me fait le plus de peine, ajoute-t-il, est une bonne fille qu'on appelle Mlle Mance : car si je n'amène un puissant secours, je ne puis me résoudre à retourner, d'autant que cela serait inutile; et si je ne m'en retourne pas, je ne sais ce qu'elle deviendra. De plus, je ne sais ce que deviendra une certaine fondation qu'une bonne dame qu'on ne connaît pas a faite en ce pays-là, pour un hôpital dont elle a fait cette bonne demoiselle administratrice, car enfin, si je ne les vas pas secourir, il faut que tout quitte et échoue. »

De cette visite, et de toutes les autres que M. de Maisonneuve fait par la suite à plusieurs reprises, le résultat est que Mme de Bullion, non contente d'approuver la transaction déjà conclue, donne encore, tout en cherchant à en laisser ignorer la provenance, une somme de vingt mille livres pour aider à lever la recrue souhaitée. La suggestion de Jeanne Mance avait obtenu son plein effet, et une fois encore Montréal lui devait son salut.

La terreur iroquoise

Avant que la nouvelle recrue n'arrive au pays, deux longues années vont s'écouler, qui comptent parmi les plus critiques de l'histoire de Montréal. La terreur qu'inspirent les Iroquois n'est qu'un des aspects de la pénible situation où se trouve alors la petite colonie. Elle a encore à souffrir de la malveillance jalouse de la Compagnie des Cent-Associés et des préventions du nouveau gouverneur, Jean de Lauzon. Dès son arrivée, à l'automne de 1651, celui-ci retranche mille livres, des quatre mille que M. de Maisonneuve recevait en appointements, tant pour son entretien personnel que pour celui de sa garnison. Un peu plus tard, il supprime le camp volant de quarante hommes, formé en 1648, pour assurer la sécurité des voies de communication par terre et par eau, et qui était d'un si puissant secours pour Montréal. S'il promet à M. de Maisonneuve, au moment de son départ, un renfort de dix hommes, il ne les envoie qu'au mois de décembre, et encore si mal vêtus et de si faible constitution, « qu'on les prenait, selon Dollier de Casson, pour des spectres vivants qui venaient, tout squelettes qu'ils étaient, affronter les rigueurs de l'hiver »; ils arrivent sans vivres, sans armes, et sur les dix, deux ne sont encore que des enfants.

Du printemps de 1652 jusqu'à l'automne, l'état d'alerte est continuel. Nul ne peut, même en plein jour, s'aventurer à quelque distance de l'asile commun qu'est devenu le fort, sans s'exposer à tomber dans une embuscade. Le

15 mai, c'est une femme huronne, occupée à la culture du blé, qui est enlevée avec deux de ses enfants. Le 26, c'est Antoine Roos, un colon « recommandable pour sa piété », qui tombe sous les coups des Iroquois, pendant qu'il gardait les bestiaux. Au mois de juillet, c'est Martine Messier, mieux connue sous le nom de Parmenda, qui échappe de justesse à la mort, non sans être blessée, après s'être vigoureusement défendue contre trois de ces barbares.

Au moment de cette dernière attaque, Jeanne Mance était en route pour Québec. « Désireuse de savoir des nouvelles du retour de M. de Maisonneuve, qui était toute l'espérance » des Montréalais, elle s'était fait escorter jusqu'aux Trois-Rivières par Lambert Closse. A l'arrivée des vaisseaux, « elle ne revit pas M. de Maisonneuve, comme elle pensait, écrit Dollier de Casson, mais elle eut du moins de ses nouvelles, par lesquelles il lui mandait (entre autres choses) qu'il espérait revenir l'an suivant avec plus de cent hommes... Ayant eu ces nouvelles, elle vint promptement au Montréal, afin de lui faire part de ce qu'elle avait appris, et le soulager dans cette fâcheuse année qu'il fallait encore passer en l'absence de son cher gouverneur. »

Pour les vaillants colons, les nouvelles qu'apporte Jeanne Mance sont un réconfort et un stimulant. Si la crainte étreint encore parfois leur coeur, leur espérance s'est raffermie. Ils se groupent donc, résolus et dociles, autour de leurs chefs et des deux Pères qui partagent leur sort, Simon Le Moyne et Claude Pijart. C'est à la protection de la Reine du Ciel que ces deux Pères les invitent surtout à recourir. « Nos Pères, lit-on dans la *Relation* de 1653, voyant ces dangers si pressants, portèrent nos Français à avoir recours à la sainte Vierge, par

quelque dévotion extraordinaire. On fit des
jeûnes, des aumônes, on institua les oraisons
des Quarante-Heures, on offrit plusieurs com-
munions en son honneur, bref, on fit un voeu
solennel de célébrer publiquement la fête de
sa Présentation, demandant à Dieu, par l'entremise de cette Mère des bontés, ou qu'il ar-
rêtât la fureur de ces ennemis, ou qu'il les
exterminât, s'il prévoyait qu'ils ne se voulussent
pas convertir, ni rendre à la raison. Chose
étrange et très remarquable, les Iroquois, depuis ce temps-là, non seulement n'ont eu aucun
avantage dessus nous, mais ils ont perdu beaucoup de leur monde dans leurs attaques, et
Dieu à la parfin les a si fortement touchés,
qu'ils ont demandé la paix. »

De tous les combats qu'eurent à livrer les
Français, celui du 14 octobre semble avoir été
le plus décisif. Ce jour-là, l'aboiement des
chiens avait signalé une embuscade d'Iroquois,
et Lambert Closse avait résolu de marcher droit
à l'ennemi. « La protection de la Reine des
hommes et des Anges y parut d'une façon toute
particulière, note la *Relation* de 1653. Vingt-
six Français se trouvant enfermés au milieu de
deux cents Iroquois, devaient perdre la vie,
sans le secours de cette Princesse. Ces Barbares
firent une décharge sur eux d'un lieu fort
proche; ils tirèrent deux cents coups sans tuer
ni blesser pas un des nôtres. Ce n'est pas qu'ils
ne manient très bien les armes, mais c'est que
Dieu voulait, en cette attaque, vérifier le pro-
verbe qui dit que ce que Dieu garde est bien
gardé. Le Fils de Marie ne refuse rien à sa
sainte Mère. Il écarta les balles des ennemis et
dirigea si bien celles des Français, qu'ils ren-
versèrent quantité des assiégeants, et mirent en
fuite ceux qui réchappèrent de la mort ou de

blessures notables. J'ai lu dans une lettre, que les chemins par où ils passèrent en s'enfuyant, furent trouvés tout couverts de leur sang, et qu'assez longtemps après leur départ, les chiens rapportaient des lambeaux de corps humains en l'habitation des Français. »

L'inquiétude dure encore dans les premiers mois de 1653. « Il ne s'est passé aucun mois de l'année, disent les mémoires qui sont venus jusques à nous, que ces chasseurs ne nous aient visités à la sourdine, tâchant de nous surprendre; mais enfin, le vingt-sixième de juin, il en parut soixante de ceux qui sont nommés par les Hurons Onnontaeronnons (Onnontagués), demandant de loin un sauf-conduit pour quelques-uns d'entre eux, criant qu'ils étaient envoyés de la part de leur nation, pour savoir si les Français auraient le coeur disposé à la paix... C'est chose étrange, poursuit l'auteur de la *Relation*, combien ces infidèles se fient en nos paroles, quoiqu'ils nous aient trahis quasi autant de fois qu'ils ont traité avec nous, et qu'ils méritent la réciproque. Nos Français avaient bien le dessein de leur rendre le change, faisant main basse de ces déloyaux et de ces perfides; mais quand ils les virent avancer sans armes et sans défense, cette franchise amollit leur coeur et leur fit croire que Dieu avait exaucé les prières qu'ils lui avaient présentées par les mains de la sainte Vierge, à laquelle ils avaient demandé du secours contre un ennemi si traître et si puissant. » Cette mansuétude des Français, succédant à leur intrépide courage dans les combats, faisait dire aux Onnontagués : « Ce sont des démons quand on les attaque, mais les plus doux, les plus courtois et les plus affables qui soient au monde, quand on les traite d'amis. »

La grande recrue de 1653

Dans ces pourparlers de paix, les Onneïouts s'étaient joints aux Onnontagués. Mais des bandes iroquoises de la nation des Agniers poursuivaient leurs dépradations, rendant des plus périlleuses la route du Saint-Laurent entre Montréal et Québec. « Ce sont les plus orgueilleux et les plus superbes de ces contrées, disait d'eux l'auteur de la *Relation* de 1653. Ce sont eux qui ont massacré le P. Isaac Jogues, brûlé le P. Jean de Brébeuf et le P. Gabriel Lalemant, et plusieurs autres Français. » Parmi bien d'autres coups de main, le 20 août, à quelque trois lieues de Québec, ils capturent le P. Joseph-Antoine Poncet, le premier missionnaire à résider à Montréal en 1642, et ils ne le libéreront définitivement que dans les premiers jours de novembre. Quelques jours auparavant, une autre de leurs bandes s'est jetée sur Montréal, « pour molester les Français. Mais une brave escouade de Hurons chrétiens survenant là-dessus, lit-on dans la *Relation*, découvrit leurs pistes et donna la chasse à ces chasseurs si vivement, qu'ils prirent le capitaine de ces coureurs et quatre des principaux de sa suite, mettant le reste en déroute. C'était le propre jour de l'Assomption de la sainte Vierge. Cette prise a bien servi à la paix générale de tous ces peuples », qui se fit au mois de novembre.

Malgré tout le risque que comporte le voyage, Jeanne Mance a voulu descendre à Québec pour y rencontrer au plus tôt M. de Maisonneuve. Tout le pays, d'ailleurs, atten-

dait impatiemment sa venue. « La faiblesse de
ce temps-là, écrit Dollier de Casson, faisait jeter
de grands soupirs après l'arrivée de M. de
Maisonneuve avec son secours, mais enfin il
n'arrivait point. Cela affligeait tout le monde
à un tel point, que la saison s'avançant sans
qu'il parût, afin d'obtenir cette grande assistance que tous attendaient par sa venue, on
exposa le très saint Sacrement pendant plusieurs jours, jusqu'à ce qu'enfin, le ciel im-
portuné par ces prières publiques, voulut exau-
cer les voeux de ces peuples, ce qui fut le 27
septembre, auquel jour on chanta en l'église
le *Te Deum*, pour action de grâces de son
arrivée. M. de Maisonneuve ayant rendu ses
devoirs au Souverain de Lumières, il alla rendre
ses respects à M. de Lauzon, auquel il raconta
les disgrâces de son voyage; ensuite de cette
première visite, il alla voir les RR. PP. Jésuites
et autres maisons religieuses, ensuite de quoi
il se vint enfermer avec Mlle Mance, pour lui
dire en particulier ce qui s'était passé de plus
secret dans tout son voyage. »

C'était le moment que Jeanne Mance attendait depuis des mois. De la bouche de M. de
Maisonneuve, elle apprend tous les détails
de ses démarches en France depuis deux ans :
ses entrevues avec les Messieurs de la Société
de Notre-Dame, ses visites à Mme de Bullion
et les libéralités nouvelles qu'il en obtient, ses
voyages à travers l'Anjou, le Maine, le Poitou,
la Bretagne, pour y engager les cent hommes
et plus de sa recrue. « Mais parlons maintenant, lui dit-il soudain, d'une bonne fille que
j'amène, nommée Marguerite Bourgeoys, dont
la vertu est un trésor qui sera un puissant secours au Montréal. Au reste, cette fille est encore un fruit de notre Champagne, qui semble

vouloir donner à ce lieu plus que toutes les
autres provinces réunies ensemble ! » Et il décrit les étapes de la vocation de Marguerite
Bourgeoys au Canada, sa rencontre avec elle
dans la ville de Troyes par le moyen d'une de
ses soeurs religieuse, la décision qu'elle prend
si résolument de venir se dévouer en un lointain pays pour y mieux imiter la *vie voyagère*
de la très sainte Vierge, son dévouement comme
infirmière bénévole pendant la traversée et à
Québec même, au cours de l'épidémie qui a fait
dix victimes et de nombreux malades parmi les
hommes de la recrue.

Tous ces événements et toutes ces réalisations, dont M. de Maisonneuve lui fait part,
apparaissent comme bien admirables à Jeanne
Mance, et une fois encore elle y reconnaît la
main de la Providence, qui ne ménage pas
sans doute les épreuves à ses serviteurs, mais
qui leur accorde en retour de bien douces consolations. C'est d'ailleurs le sentiment général
de tout le pays, et l'auteur de la *Relation* s'en
fait l'écho. « Mon esprit s'est trouvé partagé
entre la crainte et l'espérance, écrit-il : la perfidie des Iroquois, que nous avons éprouvée à
nos dépens, me fait peur, et les raisons de bonté
que Dieu a fait éclater nouvellement sur ces
contrées, bannissent cette crainte, pour loger
en sa place une douce espérance... Le secours
extraordinaire qu'on a envoyé en l'habitation
de Montréal au dernier embarquement, a donné
de la joie non seulement aux Français qui y
ont leur demeure, mais encore à tout le pays.
Quelques personnes de mérite et de vertu, qui
aiment mieux être connues de Dieu que des
hommes, ayant donné de quoi lever une bonne
escouade d'ouvriers, semblables à ceux qui re-
bâtissaient jadis le Temple de Jérusalem, ma-

niant la truelle d'une main et l'épée de l'autre, on a fait passer à Montréal plus d'une centaine de braves artisans, tous savants dans les métiers qu'ils professent, et tous gens de coeur pour la guerre. Dieu bénisse au centuple ceux qui ont commencé cet ouvrage, et leur donne la gloire d'une sainte persévérance pour la mettre à chef ! »

Le P. Pijart bénit le mariage de Lambert Closse et d'Elisabeth Moyen, protégée de Jeanne Mance, le 12 août 1657. Celle-ci occupe l'extrémité du premier banc, le bras en écharpe.

Renouveau de vie et d'activité

Jeanne Mance et Marguerite Bourgeoys se sont embarquées assez tôt pour Montréal; mais M. de Maisonneuve demeure encore quelques semaines à Québec, où il éprouve de la difficulté à trouver des barques pour tout son monde. On espérait là-bas garder une partie de ses hommes, et il dut revendiquer énergiquement ses droits : « Ils ont trop coûté à la Compagnie de Montréal, déclara-t-il, et j'ai moi-même un poste trop dangereux à défendre, pour en laisser aucun après moi. » Il n'arrive donc à Montréal que le 16 novembre, où il est accueilli « avec une joie et consolation inexprimables ». Les cent hommes qu'il amène sont un renfort « aussi considérable pour lors, que le seraient mille aujourd'hui », écrira Soeur Morin en 1697. « Dans toute l'étendue de la petite Ville-Marie, poursuit-elle, ce n'étaient que des voix de réjouissance et des actions de grâces à Dieu et à la très sainte Vierge, aux prières et faveurs de laquelle tous attribuaient d'abord les bienfaits du Seigneur envers eux. Il fut reçu avec toutes les acclamations, et comme un autre sauveur de la colonie, qui se voyait tous les jours dans le danger d'être saccagée. »

Un renouveau de vie et d'activité accompagne le retour de M. de Maisonneuve. Dès l'automne de 1653, il met tous ses ouvriers à l'ouvrage. « Ils se mirent à couper du bois et à faire de grands abatis pour ensuite faire de grands déserts, écrit Soeur Morin; les charpen-

tiers travaillent à équarrir des pièces de charpente pour les maisons; les menuisiers, les cou-
vreurs, les scieurs de long, les maçons, à préparer des matériaux pour s'employer chacun à
son métier, ce à quoi ils se portaient d'un grand
zèle et désir de bien faire. » M. de Maisonneuve
les emploie d'abord à agrandir l'hôpital. Aux
bâtiments déjà existants et devenus trop étroits
par l'accroissement de la population, s'ajoutent
un corps de logis de quelque quatre-vingts
pieds et une chapelle, qui servira assez longtemps d'église paroissiale. Toutes ces constructions sont poussées avec diligence, et « dès le
petit printemps », Jeanne Mance peut quitter le
fort, où elle s'est réfugiée depuis 1651, et venir
de nouveau résider en son hôpital. La confiance
renaît dans les coeurs. Peu à peu, les colons
reviennent occuper les maisons qu'ils avaient
abandonnées trois ans auparavant. Autour de
l'hôpital, qui devient comme le centre de la
ville en formation, de nouvelles habitations
s'élèvent avec les années, et d'autant plus
nombreuses que M. de Maisonneuve autorise
ses gens à se marier.

« Les bâtiments, la culture des terres et les
mariages, écrit Dollier de Casson, n'empê-
chaient pas qu'on se tînt si bien sur ses gardes,
que les ennemis avaient bien de la peine à nous
insulter. Nous commençâmes dès lors à leur imprimer une certaine frayeur, qui les empêchait
de s'avancer aussi avant qu'ils faisaient autrefois. » Les Iroquois venaient bien se placer en
embuscade à la lisière de la forêt ou dans les
champs de culture incomplètement essouchés,
dans l'espoir d'y surprendre quelque travailleur
isolé; mais le soin que l'on prenait toujours de
poster des sentinelles quand les hommes étaient
aux champs, et la promptitude de Lambert

Closse à se porter au secours à la moindre
alerte, déjouaient la plupart du temps leur ruse.
Les victimes furent peu nombreuses, et dans
les escarmouches, les Français avaient toujours
le dessus En 1655, la capture de quelques ca-
pitaines iroquois amène des pourparlers de paix
e un échange de prisonniers. Dans le nombre,
se trouvaient quatre jeunes Françaises de six
à quatorze ans, Elisabeth et Marie Moyen, Gene-
viève et Marie Macart, dont les parents avaient
été massacrés à l'île aux Oies, quelques mois
auparavant. « Ces deux familles Macart et
Moyen étaient considérables, note Dollier de
Casson; (par la délivrance de leurs enfants),
le pays reçut un grand bienfait du Montréal : ce
qui se voit, ajoute-t-il, par les alliances » que
ces jeunes filles contractèrent plus tard. Mais
de ce grand bienfait, c'est à Jeanne Mance que
le pays est redevable. Elle accueille les orphe-
lines en son hôpital, se fait leur mère adoptive,
et prend soin de leur donner une éducation en
rapport avec la condition de leur famille, re-
prenant ainsi auprès d'elles le rôle qu'elle
avait autrefois tenu à Langres, auprès de ses
frères et soeurs plus jeunes, quand la mort les
eut privés de leur mère : nouvel et gracieux
aspect de la femme qui a fait de la charité sous
toutes ses formes la règle de sa vie.

M. de Maisonneuve en France

L'état de sécurité dont commence à jouir Montréal engage Jeanne Mance et M. de Maisonneuve à faire un pas de plus dans l'exécution du plan de la Société de Notre-Dame. Ce plan prévoyait, comme garantie de la stabilité de l'oeuvre, l'établissement de trois communautés religieuses : l'une de prêtres, qui veillerait aux intérêts spirituels de la population, à l'évangélisation des indigènes et à l'éducation des garçons; les deux autres, de femmes, pour prendre soin de l'hôpital et pourvoir à l'éducation des filles. A la fin de l'été 1655, approuvé en cela, et même pressé par Jeanne Mance, M. de Maisonneuve décide de se rendre de nouveau en France, et laisse à Lambert Closse la tâche de commander à sa place. « Jusqu'ici, écrit Dollier de Casson, son principal but était de grossir cette colonie par le nombre des hommes; maintenant, il y veut établir un clergé pour la sanctification des peuples. C'est pour cela qu'il passe la mer et expose sa vie en ce nouveau trajet, encore qu'il feignît un autre sujet pour son voyage. Il jugea ne devoir pas retarder ce dessein pour deux raisons : la première, parce que les révérends Pères Jésuites se trouvaient pressés de toutes parts pour les missions étrangères et éloignées des sauvages, ce qui lui faisait craindre de n'avoir pas toujours l'assistance spirituelle qu'il aurait souhaitée, et que ces Pères auraient bien désiré lui donner sans ces conjonctures; la seconde, c'est que le souvenir des desseins de M. Olier et de tous les Messieurs associés, qui avaient toujours eu la vue sur Messieurs du Séminaire de Saint-Sulpice, ainsi qu'ils lui avaient déclaré, lui fit croire qu'il ne pourrait procurer trop tôt à cette île, la venue des ecclésiastiques de cette maison. » Une troisième raison, c'est que le mauvais état de santé de M. Olier faisait appréhender, avec sa mort, l'abandon du projet qu'il avait formé.

Le voyage se prolonge deux ans, mais les démarches de M. de Maisonneuve obtiennent plein succès. A l'automne de 1656, une lettre de Jeanne Mance à M. Olier est venue les appuyer. « Il est temps, lui écrivait-elle comme pressentant sa mort prochaine, d'exécuter tous les beaux projets que vous avez faits pour le Montréal; vous ne devez pas retarder davantage à lui envoyer les ecclésiastiques de votre Séminaire. » Le lundi de Pâques suivant, 2 avril 1657, M. Olier rend son âme à Dieu, mais quelques semaines avant, il a désigné pour Montréal quatre ecclésiastiques de Saint-Sulpice : trois prêtres, MM. Gabriel de Queylus, Gabriel Souart et Dominique Galinier; un sous-diacre, M. Antoine Dallet. M. de Maisonneuve profite encore de son séjour en France pour assurer l'avenir de l'hôpital. Le 31 mars 1656, il signe, au nom de la Société de Notre-Dame de Montréal, un contrat qui prépare la venue des Hospitalières de La Flèche. Par ce contrat, « les Associés promettent et s'obligent de recevoir audit Hôtel-Dieu trois ou quatre filles hospitalières de Saint-Joseph, afin qu'elles, et celles qui leur succéderont, puissent y traiter et gouverner les pauvres malades, selon que les revenus et aumônes le leur permettront, et y vivre selon les règles de leur Institut. A cet effet, les seigneurs de l'île et administrateurs du bien des

pauvres, leur bailleront l'emplacement dudit
Hôtel-Dieu, les maisons, cour et jardin, prés et
bois, ainsi que toutes les dépendances, pour
être exploitées par les religieuses... D'autre part,
les filles hospitalières de Saint-Joseph enverront
audit Hôtel-Dieu trois ou quatre soeurs, dès que
les bâtiments seront en état de les recevoir... ».

Jeanne Mance avait sans doute appris, par
les navires de 1656, l'heureuse conclusion de
cet accord. Quelques mois plus tard, elle devait en comprendre la portée providentielle :
si Dieu éprouve parfois durement ses serviteurs, il ne cesse pas pour cela de pourvoir
aux oeuvres entreprises en son nom. Le 28
janvier 1657, étant tombée sur la glace, Jeanne
Mance se fracture l'avant-bras et se démet le
poignet. La fracture est heureusement réduite,
mais la luxation au poignet échappe à l'attention du chirurgien Etienne Bouchard, de même
qu'à celle de son confrère Jean Madry, qui est
mandé tout exprès de Québec. « Mlle Mance,
écrit Soeur Morin, demeura donc estropiée et
sans se pouvoir servir en rien de ce bras, qui
lui faisait en outre de grandes douleurs qui lui
ôtaient le sommeil et l'appétit. Cela l'affligeait
d'autant plus qu'elle ne voyait plus d'espérance
de continuer ses services à ses malades, et
qu'elle se trouvait dans la nécessité d'être ser-
vie. » Aussi appelait-elle de tous ses voeux le
jour où les Hospitalières de Saint-Joseph la
viendraient remplacer.

L'arrivée des Messieurs
de Saint-Sulpice

Le 12 août 1657, M. de Maisonneuve est de retour. Avec lui sont arrivés les quatre ecclésiastiques désignés par M. Olier. La joie de posséder désormais un clergé d'une stabilité plus assurée est quelque peu tempérée par le départ du P. Claude Pijart. Depuis plus de sept ans, ce jésuite a fait fonction de curé à Montréal. Il a partagé les épreuves des colons pendant ces rudes années, et soutenu leur courage et leur ferveur. « Homme très doux, au témoignage du P. Paul Ragueneau, et d'une intime union à Dieu, il s'est acquitté à merveille de cette charge. » A sa mort en 1683, un témoignage plus éloquent encore lui est rendu : « La louange de tous ceux qui lui ont succédé dans ses fonctions, ou qui ont été dans les lieux de ses missions, est que l'on n'a point vu dans le Canada de meilleurs chrétiens, soit Français ou Sauvages, que ceux qu'il a formés par ses soins. Il laisse un si grande idée de sa vertu, que sa mémoire est en bénédiction à Montréal, depuis vingt-sept ou vingt-huit ans qu'il en est sorti. »

Comme supérieur des ecclésiastiques de Saint-Sulpice désignés pour le poste de Montréal, M. Olier avait choisi M. Gabriel de Queylus. Ce dernier arrivait muni d'une lettre de l'archevêque de Rouen, François de Harlay, le nommant son grand vicaire au Canada. Depuis la fin d'avril 1649, en plus des pouvoirs antérieurement reçus de Rome, le supérieur des Jésuites à Québec détenait lui aussi, et du même archevêque de Rouen, les pouvoirs de vicaire général perpétuel. De ces pouvoirs, toutefois, il n'était aucunement fait mention, ni pour les confirmer, ni pour les révoquer, dans la lettre de nomination de M. de Queylus; cela allait créer une situation ambiguë et provoquer, un an durant, un fâcheux conflit de juridiction. Avant de monter à Montréal, M. de Queylus s'était arrêté à Québec et avait confirmé le P. Antoine Poncet dans sa charge de curé. Or, au début de septembre, quand le P. Claude Pijart retourne dans cette ville après « s'être acquitté à merveille » pendant sept ans des fonctions de curé à Montréal, son supérieur, le P. Jean de Quen, le désigne pour le même emploi à Québec. Déjà le P. Poncet, son prédécesseur, est en route depuis le 28 août pour les Onnontagués. De passage à Montréal, ce Père met M. de Queylus au courant du changement survenu, et celui-ci, se croyant lésé dans ses droits, entreprend de se rendre à Québec. Il y arrive le 12 septembre, accompagné du P. Poncet (qui repasse en France le 18, pour ne jamais plus revenir au Canada), démet le P. Claude Pijart de sa charge, et de sa propre autorité, « ledit sieur abbé, comme on peut lire au *Journal des Jésuites*, prend la charge de la cure ». Ce n'est que le 21 août 1658, après que les Jésuites eurent reçu de France confirmation de leurs pouvoirs, que M. de Queylus quitte Québec pour revenir à Montréal.

Les Jésuites ne furent pas les seuls à se ressentir du caractère impulsif de M. de Queylus. Dès 1657, Marguerite Bourgeoys, qui avait entrepris avec l'entière approbation de M. de Maisonneuve et du P. Pijart la construction de la chapelle de Notre-Dame-de-Bonsecours, dut remettre à plus tard l'exécution de son projet. « La Soeur Bourgeoys, écrit Soeur Morin, fit ramasser du bois et de la pierre sur la place où est aujourd'hui la chapelle de Notre-Dame-de-Bonsecours, et quand tous ces matériaux furent prêts, M. l'abbé de Queylus, qui arrivait de France, ne trouva pas à propos qu'elle passât outre, pour des raisons qui nous sont cachées : ce qu'elle fit sans répliquer, ni M. de Maisonneuve qui lui aidait par ses libéralités. » Une décision plus étonnante encore, venant de la part d'un homme bien au courant de la volonté des fondateurs, allait être prise l'année suivante à l'égard de l'hôpital. Dieu permet ainsi que les plus fermes appuis de nos espoirs humains se dérobent soudain, pour rattacher plus étroitement à lui seul toute notre confiance.

« L'abbé de Queylus, qui aimait beaucoup notre communauté, lit-on dans *l'Histoire de l'Hôtel-Dieu de Québec*, jugea que ce serait un avantage pour nous et pour tout le pays, s'il n'y avait à Québec et à Ville-Marie qu'un même institut, parce que cela entretiendrait mieux la paix qui doit être entre les maisons religieuses; c'est pourquoi, nous ayant proposé l'affaire et déclaré ses vues, il nous pressa tant que nous y consentîmes. On crut devoir garder un grand secret, jusqu'à ce que l'on eût gagné ceux de qui cette fondation dépendait; et pour savoir si on pourrait s'accommoder, nous envoyâmes à Montréal deux de nos soeurs, la Mère Marie-Renée Boulié de la Nativité, sous prétexte de lui faire prendre l'air pour la rétablir d'une maladie qu'elle avait eue; nous lui donnâmes pour compagne la Mère Jeanne-Thomas-Agnès de Saint-Paul. »

De tout ce projet, M. de Queylus n'avait soufflé mot ni à Jeanne Mance ni à M. de Maisonneuve. De retour à Montréal, il méditait donc le moyen d'exécuter son plan, quand un jour de septembre Jeanne Mance vient le trouver pour lui dire: « Monsieur, voilà que mon bras s'empire au lieu de se guérir; il est déjà quasi tout desséché et me laisse le reste du corps en danger de quelque paralysie. Je ne le puis aucunement remuer; même on ne peut me toucher sans me causer les plus vives douleurs. Cet état m'embarrasse fort, surtout quand je me vois chargée d'un hôpital auquel je ne puis subvenir dans l'incommodité où je suis, et dans l'état où je me vois obligée de rester pour le reste de mes jours. Cela étant, voyez ce qu'il serait à propos que je fasse. Ne serait-il pas bon que j'allasse en France trouver la fondatrice (Mme de Bullion), pendant qu'elle est encore vivante, et que je parlasse à Messieurs de la Compagnie du Montréal, afin d'obtenir de la fondatrice un fonds pour des religieuses, puisque, aussi bien, la Compagnie du Montréal n'est pas présentement en état de faire cette dépense avec les autres que ce lieu requiert, et que je ne puis plus vaquer aux malades ? Si je puis réussir, je tâcherai d'amener ces bonnes religieuses de La Flèche, avec lesquelles feu M. Olier et les autres associés ont déjà passé contrat pour le même dessein. Qu'en dites-vous, monsieur ? »

Devant cette proposition qui favorise on ne peut mieux son projet, M. de Queylus « témoigne beaucoup de joie et de cordialité : *Vous ne pouvez mieux faire* », répond-il à Jeanne Mance. Quelques jours plus tard, il dépêche en hâte à Québec M. Souart, qui possède, « outre le caractère sacerdotal, la connaissance de la médecine », avec mission de ramener cette religieuse « qui avait grand besoin de changer d'air ». A la fin de septembre, Mère de la Nativité et sa compagne sont à Montréal. « Ces deux religieuses étant à terre, raconte ici Dollier de Casson, M. de Queylus, qui n'avait pas pensé à dire la raison pour laquelle il avait trouvé à propos d'envoyer M. Souart à Québec, vint soudainement avertir de tout ceci Mlle Mance, qui ne savait rien de tout ce qui se passait. *Voilà deux filles hospitalières qui arrivent*, lui dit-il, *à cause que l'une d'entre elles a eu besoin de changer d'air; elles vont venir vous saluer et demander le couvert.* Cette bonne demoiselle, un peu interdite, poursuit Dollier de Casson, leur fit la meilleure réception qu'elle put, ensuite de quoi elle leur dit agréablement : *Vous venez, mes Mères, et moi je m'en vais !* »

Jeanne Mance avait compris toute l'intrigue, et reconnu en même temps l'entière bonne foi des religieuses. Avant de mettre M. de Maisonneuve au courant, elle laisse s'écouler quelques jours, pendant lesquels celui-ci ne peut se défendre d'un peu de mécontentement, croyant que Jeanne Mance avait elle-même pris cette initiative si peu conforme aux volontés des Associés de Notre-Dame. Aussi, quand elle le vint trouver, « il la regarda un peu froid », comme le note Dollier de Casson qui ajoute aussitôt : « Mais un peu d'éclaircissement sur le tout leur ayant fait connaître qu'ils n'étaient pas plus savants l'un que l'autre en cette matière, et que ces bonnes filles ne venaient que pour prendre l'air afin de se guérir, ils se mirent à rire de la fausse alarme, et se séparèrent bons amis. »

Peu de jours après, Jeanne Mance quittait Montréal accompagnée de Marguerite Bourgeoys. Pour la remplacer à l'hôpital pendant son absence, elle avait désigné Mme de la Bardillière. Quant aux deux religieuses installées chez elle, « comme elle était sage et prudente, écrit Soeur Morin, elle ne leur témoigna rien de sa pensée; mais elle ne voulut point permettre qu'elles prissent soin de ses malades, ni qu'elles les servissent du tout » : ce à quoi Mme de la Bardillière veillera scrupuleusement. A l'égard de M. de Queylus, l'attitude de Jeanne Mance resta sereine. Elle s'offrit même à solliciter en son nom auprès de la duchesse d'Aiguillon, une fois rendue en France, les fonds nécessaires à l'établissement à Montréal des Hospitalières de Québec, si l'échec de ses autres démarches manifestait que telle était la volonté de Dieu.

Deuxième voyage
de Jeanne Mance en France

Même à une personne en pleine santé, il fallait du courage pour entreprendre une traversée océanique, à cette époque où les conditions de vie à bord étaient rien moins que confortables. Dans l'état où se trouvait Jeanne Mance, l'entreprise était héroïque. La recherche d'un remède à son mal n'était que le motif apparent de son voyage. Ce qu'elle ambitionnait avant tout, comme le démontrera sa première démarche en France, c'était de parfaire la mission que Dieu lui avait confiée, en hâtant la venue à Montréal des Hospitalières de La Flèche. Un semblable motif animait d'ailleurs sa compagne. « Comme Mlle Mance avait besoin d'une personne pour lui tenir compagnie et la soulager dans son voyage, écrit Marguerite Bourgeoys, je m'offris pour cela, quoique ma principale intention fût d'aller à Troyes, pour avoir quelques filles capables de m'aider à faire mes écoles. »

Elles s'étaient embarquées toutes deux à Québec le 14 octobre, et n'abordèrent à La Rochelle qu'à l'approche de la fête de Noël : traversée qui leur parut d'autant plus longue, qu'il n'y avait point de prêtre à bord et que la majorité des passagers et de l'équipage se composait de protestants. « La navire sur lequel nous nous embarquâmes, écrit Marguerite Bourgeoys, était tout rempli de huguenots ; il n'y avait que cinq ou six hommes de catholiques, outre Mlle Mance et moi. Nous ne sortions presque point de la chambre aux canons. Ces huguenots chantaient leurs prières soir et matin, et dans d'autres temps. Mais quand nous fûmes sous la ligne, Mlle Mance les pria de ne point chanter à leur coutume, leur représentant qu'elle était obligée de rendre compte de tout ce qui se faisait sur le navire, et ils cessèrent leurs chants. »

A peine débarquée à La Rochelle, Jeanne Mance se met immédiatement en route pour La Flèche, la première étape qu'elle s'est fixée. Marguerite Bourgeoys l'accompagne. « Je lui étais nécessaire, écrit-elle, et elle faisait toutes les dépenses du voyage. » A cause de l'état où était son bras, Jeanne Mance doit se faire porter sur une litière, ou brancard, tout autre genre de véhicule, par les routes cahoteuses du temps, lui causant d'intolérables douleurs. Le trajet s'accomplit donc fort lentement. Ce n'est que le jour des Rois que nos deux voyageuses arrivent à La Flèche, après avoir fait une courte halte à Saumur pour y prier devant l'autel de Notre-Dame des Ardilliers, et à Baugé, où les Hospitalières de Saint-Joseph ont une maison.

Depuis le 18 mai 1636, jour où Marie de la Ferre a groupé ses premières compagnes, les Hospitalières de Saint-Joseph ont vu leur nombre s'accroître. Elles ont même commencé à essaimer. A la maison-mère de La Flèche, se sont successivement ajoutées les maisons de Baugé, de Laval, de Moulins, de Beaufort; et l'expansion se serait faite plus grande encore, sans la pensée toujours présente à l'esprit de la fondatrice, de réserver de ses religieuses pour une mission en un lointain pays. Aussi, quand Jeanne Mance descend à l'hôpital de La Flèche, le jour des Rois, y est-elle accueillie « avec mille consolations de part et d'autre.

Entrant dans la salle des malades, écrit Soeur Morin, et y trouvant notre vénérée Mère Macé (qui devait bientôt l'accompagner), elle l'embrassa tendrement et lui dit : *Bon courage, ma chère Soeur, vous viendrez en Canada !* Au reste, toute la communauté demeura non seulement édifiée, mais encore embaumée de son entretien, qui était plus du ciel que de la terre. Elle parla beaucoup du Canada, particulièrement du Montréal, ce qui était écouté comme le saint Evangile, avec joie et consolation. Toutes celles qui aspiraient à la grâce d'aller en cette terre de promission, lui faisaient bien des caresses pour être agréées d'elle. Elle demeura huit jours, tant avec nos Soeurs qu'avec M. de la Dauversière, avec qui elle prit des mesures pour consommer l'affaire de cet établissement de Ville-Marie. »

Au cours de sa première entrevue avec Jérôme Le Royer pourtant, Jeanne Mance se rend compte qu'une lettre l'a précédée, et constate que les rumeurs et les mauvaises nouvelles voyagent plus rapidement que ne le font les infirmes comme elle ! L'étant donc allée voir le lendemain de son arrivée, « il lui fit, raconte Dollier de Casson, un visage fort froid, à cause de quelques mauvais avis qu'on lui avait donnés du Canada. Appuyé sur ces mauvaises nouvelles, il croyait que cette demoiselle venait pour lui faire rendre compte, afin de se détacher de la Compagnie, et qu'elle voulait, pour l'assistance de l'hôpital du Montréal, d'autres filles que celles qui avaient été choisies par les associés. Voilà, reprend Dollier de Casson, le rafraîchissement que cette infirme eut à son abord, pour les travaux de son voyage ! Mais enfin, le tout étant éclairci, on se rapaisa et l'union fut plus belle que jamais, si bien

qu'elle se vit en état de partir en peu de jours
pour Paris, plus joyeuse qu'elle ne se vit à son
arrivée à La Flèche ».

A Paris, Jeanne Mance se retire chez son
cousin, le chanoine Nicolas Dolebeau, qui y
demeure avec « une sienne soeur », et elle se
rend volontiers, « par la grande envie qu'elle
avait de guérir », à la suggestion qu'ils lui font
de consulter des médecins et des chirurgiens.
« Tout ce qu'il y avait d'habile en cet art y fut
appelé, raconte Soeur Morin, jusqu'au médecin
de Sa Majesté. Après avoir regardé, manié et
visité ce membre, qui était desséché et tout
livide, ils conclurent qu'il était mort et qu'il
n'y avait point de remède dans la nature qui
pût guérir ce bras; ce qui affligea notre pèlerine,
qui avait besoin, en cette occasion, de toute
sa conformité à la volonté de Dieu, pour être
contente de ne point guérir. Cependant, elle
en fit tous les actes qu'elle pouvait faire, avec
amour et respect à la sainte volonté de Dieu,
et ne pensa plus à guérir, mais à bien souffrir
des douleurs et des incommodités le reste de
sa vie. »

Au matin de la Purification, pourtant, jour
choisi des faveurs de la très sainte Vierge pour
sa ville de Montréal, Jeanne Mance s'est fait
porter à l'église Saint-Sulpice. « Cela la rap-
prochait de sa chère paroisse », lui semble-t-il,
au dire de Soeur Morin. Pendant qu'elle y prie
avec ferveur, l'inspiration lui vient soudain de
demander à entrer dans la chapelle intérieure
où repose le corps de M. Olier. Le supérieur
de Saint-Sulpice, M. de Bretonvilliers, accède
à sa demande et s'offre même à célébrer pour
elle le saint sacrifice. Dès qu'elle pénètre dans
la chapelle, elle éprouve comme un pressentiment de la grâce que Dieu lui réserve. « Comme

j'entrai dans la chapelle, écrira-t-elle quelques jours plus tard, il me prit un grand saisissement de joie si extraordinaire, que de ma vie je n'en sentis de semblable. Mon coeur en était si plein, que je ne le puis exprimer. Mes yeux étaient comme deux fontaines qui ne tarissaient point : ce qui venait si doucement que je me sentais comme toute fondue, sans aucun effort ni travail de ma part pour m'exciter à une telle chose, à quoi je ne suis pas naturellement disposée. Je ne puis exprimer cela, sinon que c'était un effet de la grande complaisance que je sentais, du bonheur que possédait ce bienheureux serviteur de Dieu, auquel je parlais comme si je l'eusse vu de mes yeux, et avec beaucoup plus de confiance, sachant qu'il me connaissait à présent bien mieux que lorsqu'il était au monde, et qu'il voyait mes besoins et la sincérité de mon coeur, que je ne lui avais (en) rien caché. J'entendis la sainte messe et communiai dans cette douceur extraordinaire, ne songeant point à mon bras qu'après la messe, lorsque M. de Bretonvilliers s'en allant à la paroisse pour assister à la procession, je le priai de me donner le coeur de feu M. Olier, pour le faire toucher à mon bras... J'eus alors une confiance certaine d'être exaucée. Il me l'apporta et se retira; et moi, ayant pris ce précieux dépôt de ma main gauche, je le posai sur ma main droite, tout enveloppée qu'elle était et dans son écharpe. Je pensais aux grâces que Dieu avait mises dans ce saint coeur, et fus tout étonnée lorsque, au moment que je posai ce saint dépôt sur ma main, je la sentis libre, et qu'elle soutenait sans appui le poids de la boîte de plomb où il est enfermé... Je sentis au même temps une chaleur extraordinaire s'épandre par tout mon bras jusqu'au

Jeanne Mance est guérie par l'application du coeur de M. Olier sur son bras malade.

bout du doigt, et l'usage de ma main me fut rendu dans ce moment, quoique ma main soit toujours disloquée, ce qui est encore plus admirable, et que je m'en serve sans douleur. »

Cette guérison miraculeuse, survenue en plein Paris, ne pouvait longtemps être tenue cachée. Jeanne Mance voit bientôt se renouveler autour de sa personne un mouvement de curiosité analogue à celui qu'avait suscité, vingt ans auparavant, la nouvelle de sa vocation au Canada. Visites à recevoir, visites à faire, récit cent fois répété de ce qui lui est arrivé, témoignages qu'elle doit subir d'une admiration pas toujours discrète : tout cela trouble sans doute le silence dont elle aime à entourer sa vie, mais elle s'y résigne en considération du regain de sympathie et du bénéfice qu'en reçoit son oeuvre. « Cette merveille fit grand bruit dans Paris, écrit Soeur Morin. Mlle Mance était épuisée de parler à toutes les personnes de la première qualité qui la vinrent voir, pour savoir la vérité et les circonstances de l'histoire miraculeuse arrivée en sa faveur; tous sortaient satisfaits de son esprit, et édifiés de sa piété et dévotion. Il y avait empressement parmi les dames, à qui aurait cette fille quelques heures en sa maison. Et comme le monde se gagne aisément par l'extérieur, on disait tout haut qu'elle était sainte; quelques-uns coupèrent de ses habits : ce que je lui ai ouï raconter par récréation et comme une absurdité. *Ils me faisaient souffrir le martyre*, disait-elle, *par l'estime qu'ils faisaient de moi, comme si j'avais contribué autre chose à cette merveille que ma misère et infirmité, qui a attiré la miséricorde de Dieu dessus moi. Il me semblait que je ne serais assez tôt hors de Paris, afin de n'être plus connue.* »

Le séjour à Paris se prolongea forcément de quelques semaines. Il restait encore bien des affaires à régler. Déjà, pour être fidèle à l'engagement pris vis-à-vis de M. de Queylus de solliciter une fondation pour l'établissement à Montréal des Hospitalières de Québec, Jeanne Mance s'était présentée chez la duchesse d'Aiguillon, et l'avait entendue sans surprise déclarer qu'elle ne pouvait rien faire. Marguerite Bourgeoys ne lui avait-elle pas rapporté la déclaration qu'avait faite Jérôme Le Royer à ce propos ? « Il a beau faire, M. de Queylus, il n'empêchera pas que nos filles n'aillent au Montréal, et que les desseins de Dieu ne s'accomplissent ! » Dégagée désormais de son engagement de ce côté, Jeanne Mance s'était donc remise à préparer la venue des Hospitalières de La Flèche. Sa guérison n'avait fait qu'ajouter à sa conviction d'accomplir en cela les desseins de Dieu; elle lui était apparue comme une approbation nouvelle de toutes ses démarches. « Mlle Mance, note Sœur Morin, demeura persuadée plus que jamais que son voyage était agréable à Dieu, et qu'il voulait les filles de Saint-Joseph dans Ville-Marie... Elle se sentit encouragée de leur procurer une fondation. »

Dans ce but, après en avoir conféré avec les Messieurs de la Société de Notre-Dame et avoir obtenu leur approbation, elle s'adresse à sa bienfaitrice de toujours, Mme de Bullion. Cette fois encore, l'accueil dépasse ses espérances : vingt mille livres comme fonds de placement pour assurer une rente viagère aux religieuses, deux mille livres pour couvrir les frais de voyage, d'autres sommes encore en faveur des familles pauvres de Montréal, des ornements d'église, des bijoux, telles sont les nouvelles libéralités dont cette charitable dame comble l'administratrice de son hôpital. Jeanne Mance s'empresse de communiquer ces bonnes nouvelles aux associés; plus rien, lui semble-t-il, ne s'oppose désormais à la venue des Hospitalières. Il reste pourtant encore plus d'une difficulté à lever.

Dans la poursuite de son plan, M. de Queylus se montre vraiment aussi prévoyant que persévérant. Ayant appris l'élévation à l'épiscopat de François de Montmorency-Laval, avec juridiction sur toute la Nouvelle-France, il fait valoir auprès de lui ses raisons contre la multiplicité des communautés religieuses en cette contrée, et le nouvel évêque en est impressionné. A deux reprises il assiste aux réunions des associés de Notre-Dame de Montréal, et chaque fois, il demande « que l'on diffère d'une année le départ des Hospitalières, crainte, lui fait dire Dollier de Casson, que cela ne fasse peine à une certaine personne qu'il croit avoir d'autres desseins ». Mais devant la ferme attitude des associés, qui lui rappellent le contrat qu'ils ont passé quelques années plus tôt avec les Hospitalières de La Flèche, et devant l'assurance qu'ils lui donnent « que celui dont il parlait n'aurait d'autre dessein que le leur, que le fondement que l'on avait de soupçonner le contraire n'était que présumé », Mgr de Laval finit par accorder son consentement. Le départ est donc décidé, et Jeanne Mance en prévient par lettre Jérôme Le Royer et les Hospitalières, leur donnant rendez-vous à La Rochelle.

A La Flèche, cette invitation était impatiemment attendue. Déjà les trois religieuses s'y trouvaient réunies qui avaient été désignées pour venir à Montréal, les Soeurs Judith Moreau de Brésoles, Catherine Macé et Marie Maillet. Mais « comme les affaires de Dieu ne se font

pas sans de grandes difficultés pour l'ordinaire,
remarque ici Dollier de Casson, celle-ci n'en
manqua pas ». Le départ est en effet compromis,
d'abord par l'opposition de l'évêque d'Angers,
de qui relevaient les Hospitalières, et qui se
montra si difficile à accorder son consentement,
« qu'on désespéra quasi de l'avoir »; ensuite
par une maladie de Jérôme Le Royer, « qui se
trouva si mal, que trois jours avant de partir
il fut en danger de mort, et les médecins jugèrent
qu'il ne relèverait pas de cette maladie ». —
« Dieu voulait seulement sceller cette entreprise du sceau de sa croix, reprend Dollier de
Casson, et non pas la détruire. » Deux jours ne
se sont pas écoulés, que Jérôme Le Royer est
assez rétabli pour entreprendre son voyage, et
que Monseigneur d'Angers cesse son opposition. Le départ est donc fixé au lendemain,
1er juin. A cette annonce, nouvelle difficulté :
une rumeur court la ville que Jérôme Le Royer
veut enlever de force les Hospitalières; voilà
tout le monde par les rues, et une émeute éclate.
Pour en venir à bout, il faut que les gens de
l'escorte mettent l'épée à la main, et c'est dans
cet appareil guerrier que nos trois Hospitalières
quittent La Flèche, en route vers une mission
pourtant bien pacifique.

Tous ces incidents, Jeanne Mance ne les
apprendra qu'à La Rochelle, où elle s'est
rendue pour présider à l'embarquement. Son
voyage s'est accompli rapidement, à peine
retardé par un accident à quelque huit lieues
de Paris. Un brusque écart de sa monture l'a
projetée dans un fossé, et de tout son poids,
elle est tombée sur son bras miraculeusement
guéri. « On a attribué à une charitable protection du Ciel, écrit Dollier de Casson, qu'elle
en eût été quitte comme elle l'a été, par une

légère écorchure : ce qui n'empêcha pas, continue-t-il, qu'une certaine plume trop libre prît la peine, assez mal à propos, d'écrire, en usant de termes nouveaux pour rendre le fait ridicule, que le miracle avait été démiraculé. » Mais le miracle résista au choc autant qu'aux langues pernicieuses, et Jeanne Mance gardera jusqu'à la fin de ses jours l'usage de son bras droit.

A La Rochelle, elle retrouve Marguerite Bourgeoys, qui l'y attendait avec les compagnes qu'elle s'est adjointes à Troyes, Catherine Crolo, Edmée Chatel, Anne Hiou, Marie Raisin, la petite Marguerite Masclin, et la douzaine de « jeunes filles honnêtes » recrutées par les Messieurs du Séminaire de Saint-Sulpice, dont elle s'est constituée la gardienne et la mère. Peu à peu, les quelque cent personnes qui composent la recrue, hommes de travail, épouses d'ouvriers déjà rendus à Montréal, jeunes filles à marier, quelques enfants même, s'y trouvent rassemblées. Il ne reste plus à venir que les Hospitalières de La Flèche et leur escorte, dont font partie, entre autres, Jérôme Le Royer et deux prêtres de Saint-Sulpice, MM. Jacques Le Maître et Guillaume Vignal. Jeanne Mance commençait à ressentir de l'anxiété à leur égard, quand ils arrivent enfin, le 12 juin, jour de la Pentecôte. Dès lors, tout semble bien prêt pour l'embarquement; mais avant de pouvoir prendre la mer, trois longues semaines vont s'écouler, au cours desquelles s'accumulent d'une façon aussi inquiétante qu'imprévue les dépenses d'hôtellerie et les frais de voyage. Jeanne Mance et Jérôme Le Royer ont beau multiplier leurs démarches, ils se heurtent à la mauvaise volonté et à la cupidité de leur armateur. Non content de leur refuser tout crédit, le sieur Poulet, capitaine du *Saint-André*, abuse encore de l'embarras où ils se trouvent, en triplant le prix d'abord convenu pour le passage. En même temps, de nouvelles et fortes instances sont faites auprès des Hospitalières, pour les amener à renoncer à leur voyage, à le différer d'un an du moins. Jérôme Le Royer doit lutter de toute son énergie pour assurer leur embarquement. « Si elles n'y vont pas cette année, répète-t-il, elles n'iront jamais ! » Sa ténacité finit par venir à bout des intrigues. Jeanne Mance, de son côté, lève toutes les difficultés, en négociant un emprunt qui lui permet de satisfaire aux exigences de l'armateur.

Le 29 juin, les passagers s'embarquent sur le *Saint-André*. Jérôme Le Royer est monté avec eux, et avant de leur dire son dernier adieu, il bénit, à leur demande, les Hospitalières agenouillées devant lui. C'est bien la suprême séparation; il le sent au mal dont il souffre. Et pourtant, son coeur est dans la joie. Dieu lui avait confié une difficile mission, et il la voit achevée, après presque trente ans d'efforts et de souffrance. Il peut partir désormais. Le grand rêve de la Société de Notre-Dame de Montréal n'est-il pas réalisé ? Le petit grain de sénevé jeté en terre par des mains pieuses a poussé ses racines et commence à grandir. La ville consacrée à la sainte Famille et sur laquelle veilleront trois communautés religieuses, il en a contemplé l'image vivante sur le navire qui s'éloigne; sous les traits de Jeanne Mance et des Hospitalières, de Marguerite Bourgeoys et de ses compagnes, des deux prêtres de Saint-Sulpice que guette là-bas une mort cruelle aux mains des Iroquois, elle lui est apparue resplendissante de la grâce de

Dieu, qui donne aux oeuvres saintes leur croissance. Sa tâche est accomplie; humble toujours
et résigné, il n'a plus qu'à attendre l'heure de la
récompense. Le 6 novembre, elle sonnera enfin
après quatre longs mois d'épreuves continuelles,
et le bon serviteur remettra son âme entre les
mains de Dieu.

Jeanne Mance amène à Ville-Marie trois religieuses hospitalières de Saint-Joseph de La Flèche. Elles prennent la mer à La Rochelle, accompagnées de deux sulpiciens et de Marguerite Bourgeoys.

Jeanne Mance amène
les Hospitalières

En quittant La Rochelle, Jeanne Mance et ses compagnons n'ont pas touché au terme de leurs peines. Avant de les prendre à son bord, le *Saint-André* avait servi pendant deux ans de navire-hôpital, et l'on avait négligé de le placer en quarantaine pour le désinfecter. A peine est-il en haute mer, qu'une épidémie de typhus se déclare, et fait ses ravages parmi les passagers. Jeanne Mance est atteinte une des premières; à un moment même, au dire de Soeur Morin, « elle fut à l'extrémité ». En quelques jours, huit à dix membres de la recrue ont succombé. Par mesure de prudence humaine, l'on avait d'abord refusé l'offre des Hospitalières de se dévouer auprès des malades; mais la contagion est telle, que bientôt la défense est levée. « Ces chères Mères, écrit Soeur Morin, se mirent à servir les autres sans discontinuer. On peut dire, à tout prendre, qu'elles ne sortirent point de l'hôpital pendant leur traversée de la mer, exerçant nuit et jour la charité du prochain avec beaucoup d'édification de la part de tous les passagers. » Aidées des deux prêtres de Saint-Sulpice, de Marguerite Bourgeoys et de ses compagnes, qui souffrent pourtant tous, aussi bien qu'elles-mêmes, des premières atteintes du mal, les Hospitalières se dévouent avec un tel bonheur à leur tâche, que du moment où elles commencent à donner leurs soins, « il ne mourut plus personne, encore qu'il y eût bien des malades ».

Quand le *Saint-André* jette l'ancre devant Québec le 7 septembre, l'épidémie n'est pas encore entièrement conjurée. En apprenant la triste condition des passagers, et la présence à bord de Jeanne Mance et des Hospitalières, le supérieur des Jésuites, le P. Jean de Quen, ancien missionnaire à Montréal de 1648 à 1650, s'empresse d'aller les réconforter et leur porte des rafraîchissements. « L'arrivée de ce révérend Père, écrit Soeur Morin, causa beaucoup de joie à ceux qu'il allait voir; leur consolation cependant était diminuée par la triste crainte où ils étaient que ce bon Père ne prît la contagion. » Crainte bien justifiée : le P. de Quen contracte le mal, et il en mourra le 8 octobre, victime de son charitable empressement.

Dans le *Journal des Jésuites*, le P. Jérôme Lalemant a noté que « plusieurs des arrivants descendirent malades du vaisseau, de cette fièvre contagieuse qui se communiqua incontinent à plusieurs personnes du pays, dont quelques-unes moururent ». Parmi ces arrivants à descendre ainsi malades du vaisseau, se trouve Jeanne Mance. Le 8 septembre, elle se fait porter à terre, et se retire dans la basse ville, pour y refaire ses forces. A son grand regret, elle se voit séparée des Hospitalières. A celles-ci, Mgr de Laval, qui est à Québec depuis le mois de juin, a assigné comme résidence le monastère des Ursulines, et elles y reçoivent, suivant l'expression de Soeur Morin, « toutes les caresses et bon traitement qu'on pouvait faire dans ce pays. Elles y furent visitées des plus considérables personnes du lieu, poursuit la Soeur, particulièrement de Mgr de Pétrée, de M. l'abbé de Queylus et des révérends Pères Jésuites, qui auraient bien voulu engager nos Mères à s'unir aux Hospitalières de Québec et à prendre leur institut ». Les idées n'ont donc pas changé, et il faut toute la fermeté de Mère de Brésoles et de ses compagnes pour maintenir dans son intégrité le plan des fondateurs. Ce n'est que le 2 octobre que Mgr de Laval donne une réponse favorable à la demande écrite que les Hospitalières lui ont adressée, sollicitant leur obédience pour Montréal.

Trop faible pour intervenir, Jeanne Mance a suivi de loin tout le débat. Aussitôt que la réponse lui est connue, elle engage les Hospitalières à partir sans retard, et sans attendre qu'elle soit rétablie. Depuis longtemps sans doute, elle escomptait le jour où il lui serait donné d'accueillir les religieuses dans son hôpital. Ce bonheur lui est refusé; Dieu lui en demande le sacrifice. Ce n'est qu'au début de novembre qu'elle pourra retourner à Montréal.

Nouvelles menaces de ruine

Depuis quelques années, Montréal avait joui de la paix. A peine les Hospitalières y sont-elles arrivées, que l'inquiétude commence à renaître. Les Iroquois reprennent leurs incursions en 1660, et si l'héroïque dévouement de Dollard leur impose, au mois de mai, une salutaire terreur qui les tient un moment en respect, ils s'enhardissent bientôt et font de nombreuses victimes. En 1661, les deux prêtres de Saint-Sulpice récemment venus de France tombent sous leurs coups, M. Jacques Le Maître au mois d'août, M. Guillaume Vignal au mois d'octobre; le 2 février suivant, Lambert Closse est tué au combat. L'alerte va durer jusqu'en 1666.

Ces morts, et celles de dizaines de colons, qui attristent tous les coeurs, éveillent dans l'esprit de Jeanne Mance le souvenir des sombres jours d'avant 1653. Comme alors, chacun se voit à tout moment exposé à tomber aux mains des Iroquois. Elle n'en continue pas moins d'occuper sa maison, à deux pas de l'hôpital, encourageant par sa présence les Hospitalières à demeurer à leur poste de dévouement. Retraçant cette époque où « la guerre des Iroquois était la plus allumée », Soeur Morin écrit : « Nous étions dans une méchante maison de bois, facile à y mettre le feu, sans hommes à nous défendre que le valet de l'hôpital, qui quelquefois n'aurait pu le faire. Et quand il l'aurait pu, il n'avait point d'armes, ni nous à lui en donner. Mlle Mance, qui était notre plus proche voisine, était à peu près aussi incapable de défendre sa maison que nous la nôtre, n'ayant que des filles à la servir, et d'homme, que son seul cuisinier qui, de mon temps, était un vieillard qui n'aurait pas fait grand'peur aux Iroquois, s'ils nous avaient attaqués : je ne sais même pas s'il aurait pu tirer un coup de fusil adroit ! De plus, il a été avéré par plusieurs que des Iroquois ont couché dans la cour, et proche les fenêtres de la maison de Mlle Mance, qui touchait à la nôtre par un bout... Ils couchèrent aussi dans la nôtre et dans celle des congréganistes (de Marguerite Bourgeoys), dans de grandes herbes appelées moutarde, où ils étaient tous cachés sans qu'on pût les voir... »

« Presque tous les malades (de l'hôpital) étaient blessés par eux à la tête, poursuit Soeur Morin, par des plaies considérables qui obligeaient les Hospitalières à des veilles continuelles; ce qui était pénible à un si petit nombre de religieuses, vu les travaux du jour dans les offices du ménage, et l'observance de la règle qui était gardée ponctuellement. Mais quoique cela fût pénible à la nature, je puis assurer que ce n'était rien, ou peu de chose, comparé à la peur continuelle où l'on était d'être pris par les Iroquois... Tout cela imprimait tant de frayeur de ces barbares, que je vous assure que nul ne le sait que ceux qui y ont passé. Pour moi, je crois que la mort aurait été plus douce de beaucoup, qu'une vie mélangée et traversée de tant d'alarmes. »

À ces alarmes de tous les moments, des épreuves d'un autre genre s'ajoutent, qui renouvellent les angoisses de Jeanne Mance, et menacent une fois encore d'anéantir son oeuvre. En autorisant les Hospitalières de La Flèche à se rendre à Montréal, Mgr de Laval n'avait pas

entièrement renoncé à l'idée de les unir aux
Hospitalières de Québec, ou de les renvoyer
en France, à défaut de leur consentement à
cette agrégation. Il leur avait bien permis de
se recruter, contresignant même la demande
d'admission de Marie Morin, jeune Québécoise
de trèize ans et demi, qui sera la première no-
vice canadienne à persévérer, et qui rédigera
plus tard les *Annales de l'Hôtel-Dieu;* ce
n'est pourtant qu'en octobre 1671 qu'il accor-
dera à leur maison l'érection canonique. Ce
délai dans la reconnaissance de l'établissement
ne s'appuie pas seulement sur le désir de
l'évêque de ne pas multiplier trop tôt dans le
pays les communautés religieuses; un motif
d'ordre financier a surgi à l'été de 1660, qui
se présente comme plus alarmant encore et menace de provoquer un brusque et fatal dé-
nouement.

Cette année-là, une lettre du baron de Fancamp au P. Chaumonot apporte la nouvelle de
la mort de Jérôme Le Royer. Des épreuves
toujours croissantes ont marqué les quatre derniers mois de son existence : souffrances ac-
crues du corps que tenaillent de cruelles maladies; tourments de l'âme qui se sent comme
abandonnée du ciel; ruine de sa fortune, qui
accule sa famille à la misère et attire sur lui
le sarcasme et le mépris des *sages de la
terre*, toujours impitoyables pour celui qui
échoue en affaires; perte des biens dont il
avait la gérance, et qui provoque le mécontentement et les injures de certains de ses
commettants. La main de Dieu semble s'être
appesantie sur lui. Dans le désarroi, le viager
des Hospitalières est englouti. Dès le mois de
juin 1659, avec tous ses autres malheurs, Jérôme Le Royer appréhendait cette perte; à

l'econome des religieuses, Soeur Maillet, qui
s'informait auprès de lui de leur fondation, il
donnait pour toute réponse : « *Ma fille, Dieu
y pourvoira, confiez-vous en Lui.* Ce qui a
fait croire depuis, écrit Soeur Morin, qu'il la
savait déjà perdue, et qu'il ne le voulait pas
faire connaître pour des raisons très pru-
dentes. »

Chez Jeanne Mance et les Hospitalières, le
récit de toutes ces épreuves excite au plus
haut point la sympathie, et plus encore l'admiration des voies de Dieu à l'égard d'un pri-
vilégié de sa grâce. Mais dans la lettre du
baron de Fancamp, il est un passage qui jette
leur coeur dans la consternation, et qui ouvre
à leurs yeux une perspective plus pénible que
la perte de la fondation. « Après avoir eu de la
peine et beaucoup souffert pour venir en
Canada, écrit le baron, il faut que les Hospitalières repassent en France, leur fonds étant
enveloppé dans les dettes du défunt. »

« Il faut que les Hospitalières repassent en
France. » Ce n'est pas un ordre sans doute;
mais au baron de Fancamp et aux amis des
religieuses en France, qui sont tous « hors d'espérance qu'elles puissent subsister en Canada
sans fondation », cela apparaît comme une iné-
luctable nécessité, comme l'unique solution.
Jeanne Mance et les Hospitalières ne veulent
pas encore désespérer cependant. « Après que
nos Soeurs eurent mûrement pensé et pesé
toutes choses et beaucoup prié Dieu pour connaître sa volonté, écrit Soeur Morin, elles
crurent la faire en se résolvant de vivre et de
mourir en ce cher pays et terre de Ville-Marie,
dans la confiance que la sainte Providence
pourvoirait à leurs besoins, comme leur bon
père (Jérôme Le Royer) les en avait assurées en

leur disant adieu à La Rochelle. » D'après leur contrat avec les Messieurs de la Société de Notre-Dame, elles s'étaient engagées *à servir gratuitement les pauvres*, sans rien prendre pour elles des biens qui leur étaient destinés; les Associés, par contre, devaient assurer leur subsistance. Dans l'impossibilité où se trouvaient ces derniers d'exécuter leur part du contrat, les Hospitalières décident, approuvées en cela par Jeanne Mance et M. de Maisonneuve, les deux seuls associés présents à Montréal depuis la mort de Louis d'Ailleboust en juin 1660, de recourir à Mgr de Laval, et de lui demander « d'ordonner que lesdites religieuses auront leur subsistance sur le revenu de l'hôpital, (en) attendant que lesdits sieurs associés y aient pourvu... ».

Appuyée d'une requête des habitants de Montréal, cette demande est favorablement accueillie. Les Hospitalières peuvent donc continuer leur oeuvre, et « pratiquer la sainte pauvreté à un degré éminent; ce qui ne les affligeait pas, écrit Soeur Morin, car c'était pour elles une consolation d'être en cela plus conformes à leur divin Epoux, qui a voulu vivre d'aumônes en ce monde... Cette première année, poursuit-elle, tous leurs amis (de Montréal) s'intéressaient à les aider... L'année suivante, elles reçurent une aumône de quatre à cinq cents livres de M. le baron de Fancamp, qui savait leur besoin et qu'elles n'avaient ni rentes ni pensions... ». Mais ce ne sont là que des expédients; aumônes et secours ne présentent aucune garantie de sécurité pour l'avenir, et l'on y peut compter d'autant moins que les nouvelles de France ne sont guère rassurantes. Les rangs des associés de Notre-Dame de Montréal s'éclaircissent de plus en plus, et l'on entrevoit le jour où la Société s'éteindra complètement. Jeanne Mance prend donc le parti, en octobre 1662, de repasser une troisième fois en France. M. de Maisonneuve s'était proposé de l'accompagner et il était même descendu avec elle à Québec; mais à son arrivée, le gouverneur, le baron d'Avaugour, lui ordonne de retourner sans retard à Montréal, sous prétexte d'y enquêter dans une affaire de sédition où Jacques Le Ber se serait trouvé compromis.

Troisième voyage
de Jeanne Mance en France

Le but de Jeanne Mance, en se rendant en France, était de plaider la cause des Hospitalières et de l'hôpital auprès des Messieurs de la Société de Notre-Dame de Montréal. Elle comptait faire appel à leur équité, les déterminer à un nouvel effort de générosité, en leur rappelant l'engagement qu'ils avaient pris en 1656 d'assurer la subsistance aux religieuses, en leur rappelant aussi le don consenti, en 1653, des vingt-deux mille livres prises à même le bien-fonds de l'hôpital, don qui avait sauvé la colonie, en permettant la levée d'une forte recrue. A Paris, elle trouve la Société de Notre-Dame en pleine voie de dissolution : des dettes énormes l'écrasent; en dehors des Messieurs de Saint-Sulpice, il ne reste plus que cinq membres vivants, et presque tous désespèrent de pouvoir opérer un relèvement. Ce n'est plus seulement l'existence de l'hôpital qui est en jeu; une ruine imminente guette l'établissement de Montréal.

Renonçant dès lors à présenter une réclamation en faveur de l'hôpital et des Hospitalières, Jeanne Mance ne songe plus qu'à conjurer la ruine de l'oeuvre commencée vingt-quatre ans plus tôt, et poursuivie depuis sans relâche au prix de tant de sacrifices. Comme M. de Fancamp, elle juge que la mission bienfaisante de la Société de Notre-Dame de Montréal est achevée, que le temps est venu de confier à d'autres mains la poursuite de l'entreprise. Un projet de cession au Séminaire de Saint-Sulpice de tous les droits des associés sur l'île de Montréal est à l'étude, et Jeanne Mance s'emploie de toute son énergie à le faire réussir. La difficulté n'est pas d'obtenir la renonciation des cinq derniers associés; elle provient de l'hésitation des Messieurs du Séminaire à accepter la donation. De cette hésitation, les grandes dépenses à encourir pour le soutien de l'établissement sont une raison; la plus forte cependant semble être le manque d'entente entre M. de Queylus et Mgr de Laval. Des tentatives de rapprochement, opérées à la faveur de la présence de l'évêque en France, n'ont pas abouti. Le 9 mars 1663, l'acte de transfert des droits est signé par les associés; mais même alors, les Sulpiciens restent quelque peu hésitants et posent encore la question du maintien ou de l'abandon de l'oeuvre. Ce n'est que le 31 mars, « après beaucoup de prières pour connaître la volonté de Dieu », qu'ils font connaître leur définitive acceptation. Par respect pour la mémoire de M. Olier et pour l'oeuvre dont il a conçu le dessein, ils conviennent, selon M. Faillon, de se charger de l'établissement de Montréal, et de ne l'abandonner jamais « que dans la dernière extrémité, lorsqu'il serait évident que Dieu en demande la suppression ».

Par ses instances, et par cette irrésistible attirance qui lui a si souvent gagné les coeurs et assuré le concours des bonnes volontés, Jeanne Mance une fois encore a contribué à sauver Montréal. L'ère des fondateurs est achevée, mais dans le Séminaire de Saint-Sulpice, leur dessein apostolique trouvera de fidèles continuateurs. Ce seul résultat de son voyage la console amplement de l'échec de ses démarches en faveur des Hospitalières. Pour leur

procurer des secours, elle a vainement prolongé son séjour en France jusqu'au printemps
de 1664. D'autres devoirs la retenaient aussi,
qui s'imposaient impérieusement à sa charité
toujours délicate : visite de sympathie à la famille éprouvée de Jérôme Le Royer, pour lui
réitérer l'assurance que les malheurs financiers
de son chef défunt n'ont en rien altéré les sentiments de reconnaissance et d'estime des Hospitalières et d'elle-même à son égard; visites
de remerciement à tous les bienfaiteurs et bien-
faitrices de son oeuvre, à Mme de Bullion surtout, qu'elle trouve déjà souffrante, peut-être,
de la maladie qui l'emportera le 3 juillet suivant. Il lui fallait encore s'occuper de l'achat
et de l'expédition des marchandises nécessaires
à l'hôpital. Ce n'est que le 25 mai 1664 que
Jeanne Mance débarque à Québec, après avoir
dit son dernier adieu à sa terre natale.

Les années de solitude

Pendant son absence du Canada, un changement important s'est produit dans le gouvernement de la colonie. Le pouvoir royal s'est substitué à la Compagnie des Cent-Associés. C'est le résultat des démarches de Mgr de Laval auprès de Louis XIV, lequel, suivant l'auteur des *Annales de l'Hôtel-Dieu de Québec*, « accorda volontiers (à l'évêque) tout ce qu'il lui demanda et voulut même qu'il nommât le gouverneur que Sa Majesté devait envoyer ici relever M. le baron d'Avaugour. Mgr l'Evêque, poursuit Soeur Juchereau de Saint-Ignace, s'en excusa longtemps, mais les instances que le Roi lui fit sur cela furent si pressantes, qu'enfin ce Prélat, vaincu par les amitiés d'un si grand monarque, choisit M. le chevalier de Mésy, duquel il espérait avoir toute sorte de satisfaction ».

Tout cela, Jeanne Mance l'avait sans doute appris en France, mais ce qu'elle ignorait encore, c'est la profonde déception que le nouveau gouverneur n'avait pas tardé à causer à l'évêque et à toute la colonie, par son ambition et sa cupidité. Dès son arrivée à Québec, elle put s'en rendre compte, à la manière peu sympathique dont fut accueillie une réclamation qu'elle présenta. Son armateur de Dieppe ayant profité du fait qu'il était seul, cette année-là, à gréer un navire à destination du Canada, pour hausser indûment le taux du fret, Jeanne Mance enregistra une réclamation contre cette exploitation. Le Conseil Souverain, présidé par

Pendant les années de solitude, Jeanne Mance continue de s'intéresser au progrès de la colonie. Elle agit pour la quarante et unième fois comme marraine au baptême de Jeanne-Mance, fille de Philippe Carion, sieur Dufrenon, le 19 septembre 1672.
Parrain : Paul Maurel.

M. de Mésy, la débouta de sa demande et
l'obligea à payer le prix exigé, tout en recon-
naissant implicitement le bien-fondé de sa réclamation, puisqu'il décréta en même temps
que, « pour empêcher à l'avenir les abus, le
prix du fret serait réglé par le Conseil ».

Dans l'état des finances de l'hôpital, ce supplément de dépense à encourir représentait
une perte assez sensible. Jeanne Mance connut
bientôt que l'établissement de Montréal avait à
souffrir de vexations plus fâcheuses encore, de
la part du gouverneur. Dès leur prise de possession, et contre leur droit clairement établi,
les nouveaux seigneurs de l'île, les Messieurs
de Saint-Sulpice, s'étaient vu enlever l'administration de la justice sur leur territoire. Autre
intrusion plus pénible encore au coeur de
Jeanne Mance et des anciens colons, l'autorité
de M. de Maisonneuve était méconnue et ba-
fouée. Pour faire échec une fois de plus au
Séminaire, qui avait confirmé, comme c'était
son droit, M. de Maisonneuve dans sa charge
de gouverneur de Montréal, M. de Mésy avait
délivré à celui-ci, à l'automne de 1663, une
commission signée de sa main, le nommant à
ce même poste : c'était tenter de le soustraire
à l'autorité des seigneurs de Montréal, pour le
placer sous la dépendance du gouverneur du
Canada. De plus, comme le note Soeur Morin,
« il lui causa de grandes peines dans son gouvernement; il ne lui donnait point le rang qu'il
devait avoir auprès de lui; il faisait publier les
ordonnances publiques contre son sentiment et
même sans lui en rien communiquer : ce qui
attira (à M. de Maisonneuve) des reproches et
des mépris de ses sujets ».

Ces empiétements de M. de Mésy laissaient
malgré tout M. de Maisonneuve calme et se-

rein, sans provoquer de sa part ni plaintes ni
réclamations; dégagé de toute ambition humaine et toujours ami de la paix, il n'attendait
justice que de Dieu. Quand le gouverneur était
à Montréal, « il se rendait complaisant à tout
ce qu'il souhaitait, sans jamais le contrarier, se
contentant de lui dire ce qu'il n'approuvait pas,
et puis il le laissait faire ce qu'il voulait ».
Dans l'intimité, avec Jeanne Mance et Marguerite Bourgeoys, il « riait de tout son coeur »
des avanies qu'on lui faisait subir. En mai 1665,
M. de Mésy meurt, mais la persécution ne cesse
pas pour cela. Le marquis de Tracy, qui admi-
nistre les affaires jusqu'à l'arrivée de M. de
Courcelles, outrepasse lui aussi ses pouvoirs
et destitue M. de Maisonneuve, lui ordonnant
même « de retourner en France, comme incapable de sa place et du rang qu'il tenait de
gouverneur. Il prit ce commandement, écrit
Soeur Morin, comme un ordre par où Dieu lui
marquait sa volonté, et disposa toutes choses
pour s'en aller en France la même année; ce
qu'il exécuta, non pas pour aller s'y plaindre
du mauvais traitement qu'on lui avait fait ici,
et revenir triomphant comme il l'aurait pu faire
s'il avait voulu, mais pour y vivre petit et
humble... »

Comme M. de Maisonneuve, Jeanne Mance
aspire elle aussi à vivre désormais *petite et
humble*. Retirée dans sa modeste maison près
de l'hôpital, elle a assisté impuissante aux abus
d'autorité qui ont progressivement amené le
départ du fondateur. A mesure que grandissent
les ombres du soir de sa vie, la solitude s'est
faite autour d'elle. De tous les compagnons des
jours héroïques qui ont travaillé avec elle au
grand dessein de 1640, il ne reste plus que
Marguerite Bourgeoys et quelques-uns des pre-

miers colons. Montréal achève d'être l'Ile Sainte, pour devenir un poste de traite et perdre petit à petit la pureté originelle de ses moeurs.

Après le départ de M. de Maisonneuve, Jeanne Mance se confine dans sa tâche d'administratrice de l'hôpital. Ses jours s'écoulent dans une demi-retraite, auprès des Hospitalières qu'elle s'efforce de soulager dans leur pauvreté. Avec elles, elle aime à causer du passé et, pour ranimer leur courage dans les épreuves qui les poursuivent, à retracer l'action de la grâce de Dieu dans le développement de l'hôpital et de tout l'établissement de Montréal. Parmi ses auditrices, il en est une, toute jeune encore et à la mémoire heureuse, qui l'écoute inlassablement. C'est Soeur Marie Morin, qui vient parfois l'aider en sa maison. Tout en regardant avec des yeux émerveillés les pièces du mobilier apporté de France, les « bijoux de dévotion » et ce portrait de Mme de Bullion « en miniature, dans une boîte d'agate fine enchâssée en de l'or et enrichie de perles fines », elle recueille avidement des lèvres de Jeanne Mance le récit des origines, qu'elle transcrira fidèlement quelque vingt-cinq ans plus tard. De la lecture des *Annales* de Soeur Morin, une impression de douce et indulgente charité se dégage : en évoquant ses souvenirs devant la jeune religieuse, Jeanne Mance n'a voulu retenir que les plus aimables et les plus édifiants; les autres, elle les a voués à l'oubli.

Cette vie de calme et de solitude, dans la satisfaction du devoir accompli, Jeanne Mance l'a ardemment désirée. Après tant d'années d'activité et de dévouement, c'est le repos bien mérité, la tranquille préparation au grand départ. Pourtant, il n'entre pas dans les desseins de Dieu qu'elle connaisse sur terre un bonheur sans mélange de contrariétés. Une dernière épreuve lui est réservée, et d'autant plus pénible qu'elle s'accompagne d'un blâme indirect de sa conduite, par une autorité qu'elle vénère au plus haut point. En faisant enquête sur l'administration des biens de l'Hôtel-Dieu, comme le contrat de fondation lui en confère le droit, Mgr de Laval a pris connaissance de l'échange consenti, en 1651, de vingt-deux mille livres des fonds destinés à l'hôpital contre un lopin de terre dans l'île de Montréal. Dans le temps, cette transaction a sauvé la colonie de la ruine; mais quinze ans plus tard, elle apparaît aux yeux de l'évêque comme entachée de nullité. Déjà il a réclamé des Messieurs de Saint-Sulpice, successeurs en droits et devoirs de la Société de Notre-Dame de Montréal, la preuve écrite du consentement de Mme de Bullion à changer la destination de son don : mais ce document n'existe pas; il leur demande donc de reprendre le terrain et de rendre l'argent. En vain Jeanne Mance et M. de Maisonneuve rédigent-ils chacun un mémoire pour exposer toutes les circonstances de la transaction; en vain le Conseil privé du Roi, saisi de la question, déclare-t-il que, « quoique Mlle Mance n'eût pas un pouvoir suffisant pour engager l'Hôtel-Dieu, et que dans cette affaire, on n'eût pas observé toutes les formalités qui auraient été à désirer et qu'on exigeait dans une cour de justice, cependant, toutes choses mûrement considérées, le Séminaire n'était tenu à aucune restitution envers l'Hôtel-Dieu »; Mgr de Laval maintient sa réclamation, et il la maintiendra jusqu'à sa démission comme évêque de Québec.

Cette ténacité de l'évêque à maintenir sa réclamation s'appuie sans doute sur son zèle à faire respecter, telle qu'elle lui apparaît, l'intention d'une donatrice à l'égard d'une oeuvre religieuse. Défenseur et gardien des droits de l'Eglise, il croit de son devoir d'exiger une preuve incontestable de l'aliénation de biens d'abord consacrés au soulagement des pauvres, et ne se sent aucunement lié, dans une question de droit purement ecclésiastique, par une décision de l'autorité civile. S'il écarte le témoignage de Jeanne Mance et de M. de Maisonneuve, ce n'est pas qu'il mette en doute leur sincérité et la pureté de leurs intentions; il conteste seulement la validité d'un acte qu'ils ont posé de bonne foi. C'est bien ainsi que Jeanne Mance juge de toute l'affaire. Pour avoir omis de demander à Mme de Bullion l'attestation écrite de son consentement, elle reconnaît être la cause involontaire de tous les ennuis qu'éprouvent les Messieurs de Saint-Sulpice, et elle se reproche ce qu'elle appelle son impardonnable négligence. Si elle en ressent une profonde tristesse, aucun sentiment d'amertume ne vient s'y mêler; son respect à l'égard de Mgr de Laval, et la confiance qu'elle lui a toujours accordée, ne sont en rien diminués. Elle en donne bientôt une preuve, en choisissant l'évêque comme exécuteur de ses dernières volontés.

Avec les années, la santé de Jeanne Mance s'est affaiblie, et elle doit souvent garder la chambre. Elle n'a pu, en janvier 1669, être présente comme marraine au baptême de Henry Périn, et elle s'est fait remplacer par la petite Cécile, l'unique enfant de Lambert Closse. Au mois de juin, la maladie la tient encore, et elle décide de rédiger son testament. « Connaissant, écrit-elle, la certitude de la mort et l'incertitude de l'heure d'icelle, de mon propre mou-

vement et volonté je fais cette déclaration de
mes dernières volontés... » Elle proteste de son
indéfectible attachement à « la sainte Eglise
catholique, apostolique et romaine »; elle renouvelle son entier abandon « à la très sainte,
très juste et très aimable volonté de Dieu »;
elle accepte de sa main « la mort qu'il lui plaira
de lui envoyer, et le temps et la manière
d'icelle »; elle dispose de tous ses biens en
faveur de l'hôpital et des Hospitalières. « Je
nomme, ajoute-t-elle enfin, pour exécuteur de
mon présent testament, Monseigneur l'Illustris-
sime et très Révérendissime Evêque de Pétrée,
notre digne Prélat, suppliant très humblement
Sa Grandeur, et dans le plus profond respect
qu'il m'est possible, qu'il lui plaise de me par-
donner cette hardiesse que je prends, d'avoir
osé le nommer pour une chose de si petite
considération, mais que je crus être nécessaire
pour le bien et le repos de cette maison, et
afin que ni mes parents ni autres ne viennent
à troubler ou inquiéter cette maison. Je supplie
très humblement Sa Grandeur de l'avoir pour
agréable, et que sitôt que je serai trépassée,
les portes de mon appartement soient fermées
au dehors, et que tous mes papiers, tant pour
mon particulier que pour l'hôpital, et les lettres
qui me seront envoyées de France lui soient
mises entre ses mains, et qu'il lui plaise de
faire prier Dieu pour le repos de mon âme. »

L'arrivée des lettres de France lui apporte,
cette année-là, de consolantes nouvelles. Le
8 avril 1669, Louis XIV a signé les *lettres
patentes* qui rendent « stable et solide pour
toujours l'établissement de ses chères et bien-
aimées Religieuses Hospitalières de Saint-Joseph
de l'Isle de Montréal en la Nouvelle-France, en
considération des grands avantages que le pays

en reçoit ». De plus, trois nouvelles Hospitalières viennent se joindre à celles qui sont au pays depuis 1659; après dix années d'incertitude, c'est le gage certain de l'établissement canonique de leur maison, qui sera de fait accordé deux ans plus tard par Mgr de Laval. Comme l'écrit Soeur Morin, par une lettre du 27 octobre 1671, l'évêque « acheva cet établissement pour ce qui était du spirituel, (de manière) à ne pouvoir plus se dédire ». Par ce concours de l'autorité ecclésiastique et de l'autorité civile, Jeanne Mance recevait donc enfin l'assurance de voir se perpétuer son oeuvre.

Une autre consolation lui était réservée à l'été de 1672. Depuis trois ans, la construction d'une église paroissiale était décidée, mais l'on n'avait pu s'entendre sur l'emplacement à lui donner. Au début de juin, le choix d'un terrain est enfin arrêté, et le 30 du même mois, M. Dollier de Casson bénit les premières pierres du nouvel édifice. Comme administratrice de l'hôpital et dernière survivante à Montréal des associés de Notre-Dame, Jeanne Mance est invitée à placer sur l'une des pierres une plaque commémorative gravée à son nom. C'est un honneur bien mérité et un juste tribut de reconnaissance. Mais en acceptant l'invitation et en accomplissant ce geste, l'un des derniers qu'elle pose en public, elle songe surtout à ce jour de mai 1642 où elle ornait de ses mains le premier autel de Ville-Marie, et entendait le P. Vimont promettre pleine croissance au petit grain de sénevé jeté en terre ce jour-là. La promesse est aujourd'hui réalisée et les grands desseins de Dieu sont accomplis. Montréal a pris son essor, et ces pierres que M. Dollier de Casson vient de bénir sont les fermes assises de son développement futur, selon le plan apostolique des fondateurs. Jeanne Mance peut désormais prendre sa retraite : sa tâche est achevée. Une fois encore, en septembre 1672, elle apparaîtra comme marraine au baptême d'un enfant français, le quarante et unième depuis son arrivée à Montréal; ce dernier geste posé, elle s'enferme dans la solitude de sa maison, pour y attendre dans la paix et le recueillement le suprême appel de Dieu.

L'œuvre de Jeanne Mance

Le 12 novembre 1672, Jeanne Mance est entrée dans la soixante-septième année de son âge. En juin 1673, il y aura trente-deux ans qu'elle s'est embarquée à La Rochelle, « plus que jamais déterminée d'être toute à Dieu, et de souffrir quelque chose pour se rendre plus conforme à Jésus-Christ, qu'elle a choisi pour époux dès sa tendre jeunesse ». Depuis ce jour lointain où elle s'est sentie conviée à collaborer à l'oeuvre de Montréal, sa détermination n'a pas un instant fléchi de s'abandonner sans réserve à la grâce de Dieu. Elle avait envisagé sans illusion les dures conditions de la vie où elle s'engageait. Elle avait clairement compris « que les desseins qu'on entreprend pour Jésus-Christ en ce pays du Canada, s'ils se couronnent dedans la gloire, se conçoivent dedans les dépenses et les peines, se poursuivent dedans les contrariétés, s'achèvent dedans la patience ». Elle avait mesuré sa faiblesse et entendu les objections de la prudence humaine, éprouvé les tendres reproches de ses parents et sondé l'immensité des sacrifices à consentir. Mais, par-dessus tout, elle avait perçu l'appel de Dieu à placer en lui seul tout son espoir, et pour répondre à cette invitation, sa confiance surnaturelle lui avait fait écarter toutes les considérations humaines.

Au cours des trente-deux années qui s'achèvent avec le printemps de 1673, sans un instant de défaillance, Jeanne Mance a mis au service de Dieu toutes les ressources de son intelligence et toutes les forces de sa volonté. Elle a sacrifié sa famille, sa patrie, son repos, sa santé; elle s'est consacrée au soulagement de la souffrance et de l'infortune, accueillant les malades en son hôpital et l'enfance malheureuse en sa propre maison; elle a affronté tous les dangers et s'est soumise à toutes les épreuves. Comme l'a écrit Dollier de Casson, « elle a osé tout entreprendre pour la gloire de Dieu, sous l'espoir de son unique soutien ». Sans négliger les moyens humains, et surtout sans s'étonner jamais ni se décourager de les voir lui manquer, elle a compté avant tout sur la grâce de Dieu, et cette grâce ne lui a pas fait défaut. Dieu a béni ses sacrifices et son entière soumission à ses volontés, en la conviant à collaborer de plus en plus étroitement à l'extension de son règne.

Le rôle de Jeanne Mance dans la fondation de Montréal a pris une importance sans cesse croissante. Elle n'ambitionnait que de servir obscurément, indifférente au poste que ses directeurs de conscience lui assigneraient, pourvu qu'ils y aient reconnu la marque de la volonté de Dieu; mais par le jeu des événements, elle devient l'une des âmes dirigeantes de l'entreprise. Retracer l'histoire de Jeanne Mance, c'est retracer l'histoire des origines de Montréal, tellement sa vie s'est identifiée à cette oeuvre. Elle s'est d'abord engagée auprès de Mme de Bullion à préparer l'établissement d'un hôpital. Cédant ensuite aux instantes sollicitations de Jérôme Le Royer et du baron de Fancamp, elle accepte de se joindre aux associés de Notre-Dame. Chargée par eux du temporel de l'expédition, ces « choses du dedans » dont ils lui confient l'administration, elle se met de tout coeur à sa tâche. Les heureuses qualités qu'elle manifeste lui ont bientôt attiré la pleine confiance de tous les colons, qui l'estiment et la respectent à l'égal d'une mère. Dieu lui avait communiqué un don merveilleux de se gagner les sympathies, et elle l'emploie ingénuement, sans calcul et sans artifice, à grouper les dévouements et à multiplier les secours, quand ce n'est pas à vaincre les oppositions et à faire tomber les préventions. En elle, M. de Maisonneuve trouve son plus ferme appui et son meilleur réconfort. Dans toutes les décisions à prendre, elle est la conseillère écoutée. Aux heures tragiques, quand les épreuves s'abattent presque sans répit sur l'oeuvre encore mal affermie, son esprit reste lucide, son énergie entière, et elle redonne de l'espoir aux coeurs enclins à céder au découragement. Par trois fois, grâce à ses suggestions et grâce aux démarches qu'elle entreprend ou qu'elle détermine, elle sauve Montréal de la ruine et assure la pleine réalisation du dessein de Dieu dans cette fondation. Au terme de sa longue carrière de dévouement et d'abnégation, pour avoir fidèlement obéi aux impulsions de la grâce, Jeanne Mance prend place parmi les fondateurs de la ville dont elle ne songeait qu'à se faire la bénévole infirmière.

Les derniers jours de Jeanne Mance.
La mort...

Les derniers jours

A la fin de mai 1673, Jeanne Mance sent ses forces décliner. Son mal s'est aggravé et sa fin semble s'annoncer prochaine. Elle a cependant conservé sa pleine lucidité d'esprit, et de la chambre où elle est alitée, elle continue de s'intéresser aux oeuvres qu'elle a tant aimées. Auprès d'elle se tient habituellement la petite Angélique-Anne de Sailly, sa filleule âgée de douze ans, la dernière de ses *protégées;* pendant l'absence de sa mère retournée en France, elle s'est offerte à l'héberger et à prendre soin de son éducation. Chaque jour des Hospitalières lui apportent leurs soins, et par elles elle se tient au courant de toute la vie de son hôpital. Marguerite Bourgeoys la visite aussi et l'entretient du développement de sa Congrégation. A quelque cent pas de sa maison, la construction de l'église paroissiale se poursuit lentement, avec les moyens de fortune dont on dispose alors. Les travaux ont repris au retour du printemps, et Jeanne Mance entend parfois le marteau du tailleur de pierre, la hache du charpentier, les cris des charretiers, le grincement des câbles sur les treuils, tous les bruits d'un chantier en activité, qui lui arrivent avec la brise par sa fenêtre entr'ouverte, et qui ravivent sa confiance de voir un jour s'achever « cette maison de Dieu, dont les peines et les croix furent les pierres fondamentales ».

Pour hâter ce jour, et comme suprême témoignage de son dévouement à cette oeuvre, Jeanne Mance apporte, le 27 mai, la dernière contribution de sa pauvreté volontairement acceptée. « N'ayant pas la facilité d'écrire à cause de son infirmité », elle dicte ses dernières volontés à M. Gilles Perrot, « prêtre et curé de Notre-Dame ». Par une codicille à son testament de juin 1669, elle fait un double legs de cent livres, « à prendre sur les avances qu'elle a faites aux pauvres de l'hôpital » : le premier cent livres doit être « employé à la bâtisse de la nouvelle église commencée »; le second, « à la structure d'un tabernacle pour mettre le très saint Sacrement dans ladite église ». Elle consent de plus, à la demande de son confesseur, M. Gabriel Souart, à ce que son coeur soit détaché de son corps après sa mort, pour être placé sous la lampe du sanctuaire dans la nouvelle église, et y demeurer le symbole de son complet abandon à la grâce de Dieu.

Trois semaines plus tard, le 18 juin, quatrième dimanche d'après la Pentecôte, Jeanne Mance mourait doucement, « sur les dix heures du soir ». A l'épître de la messe, ce jour-là, le célébrant avait lu ces consolantes paroles de saint Paul, qui s'appliquaient si bien à celle dont la longue vie de sacrifices achevait de se consommer : « J'estime que les souffrances du temps présent sont sans proportion avec la gloire à venir qui sera manifestée en nous. »

Épilogue

D'humble servante des pauvres qu'elle s'était faite, Jeanne Mance s'est progressivement élevée, sous le souffle de la grâce divine, au rang de fondatrice et de mère de la colonie de Montréal. De son vivant, ses contemporains admiraient en elle « une grande servante de Dieu ». Jérôme Le Royer et le baron de Fancamp l'avaient accueillie « comme un présent que le Ciel leur faisait », et Soeur Morin, entre autres traits qu'elle cite de sa vertu, la dépeint comme « voulant être toute abandonnée et adoratrice fidèle de la très sainte Providence ». Avant que Dollier de Casson ait reconnu en elle « une personne toute de grâce, extrêmement protégée de la main du Tout-Puissant, et qui conserva toujours, sans aucun larcin ou véritable ou faussement supposé, le trésor de sa pureté », le fondateur de Saint-Sulpice, M. Olier, avait écrit dans ses *Mémoires autographes* : « J'ai vu parfois jusqu'en Canada les opérations de Dieu en les âmes des personnes du Montréal, entre autres de Mlle Mance, que je voyais pleine des lumières de Dieu, dont elle était environnée comme un soleil. »

Cette réputation de Jeanne Mance, d'avoir été l'élue de Dieu et le fidèle instrument de sa grâce, se perpétue après sa mort. Dans le coeur des Montréalais, le souvenir reste vivace des grands exemples de confiance surnaturelle, d'inlassable dévouement, de constance dans les adversités, qu'elle a prodigués pendant de si longues années. A Québec, Soeur Juchereau de Saint-Ignace consigne dans ses *Annales*, sur la foi des témoignages qui lui arrivent, qu'après avoir « demeuré jusqu'à sa mort en cette Communauté (des Hospitalières) de Montréal, édifiant toutes les Religieuses et les séculiers, Jeanne Mance y est morte en réputation de sainteté ».

Quand la génération de ceux qui l'avaient connue achève de s'éteindre, les témoignages écrits succèdent à la tradition orale. Complétant les *Annales* de Soeur Morin, qui n'avait pas parlé de la mort de Jeanne Mance, Soeur Cuillérier écrit : « Nous avons omis de relater en son lieu la perte que nous fîmes d'une bonne amie, et les pauvres d'une mère tendre, charitable, et d'une administratrice infatigable pour leurs intérêts... Le souvenir de Jeanne Mance doit être considéré par nous, Religieuses, comme un continuel avertissement des dispositions de zèle, de ferveur, d'humilité et de charité avec lesquelles nous devons servir les pauvres, sur le modèle de ce coeur qui pratiqua toute sa vie ces vertus dans un sublime degré, et tant d'autres que Dieu sait et dont tout le Canada a été le témoin et l'admirateur. »

Le souvenir de Jeanne Mance ne se confine pas dans les seuls murs de l'Hôtel-Dieu. Il n'est guère d'écrivains, même non catholiques, qui aient raconté les origines de Montréal, sans mentionner avec admiration son rôle influent dans cette fondation. En France aussi bien qu'au Canada, les hautes qualités de la femme, rehaussées des vertus de la chrétienne et de l'apôtre, s'imposent à l'attention de l'historien. Dès le début du XVIIIe siècle, l'abbé Jean-Baptiste Charlet inscrit son nom au *Martyrologe des Saints et Saintes du diocèse de Langres;* le sulpicien François Vachon de

Belmont vers 1710, le P. de Charlevoix en 1744, Bertrand de la Tour en 1791 reprennent son éloge, assurant la continuité des témoignages écrits. Mais c'est surtout au milieu du siècle dernier, quand le Canada catholique et français se penche sur son passé pour retrouver l'énergie et la fierté de survivre, que l'héroïque exemple de Jeanne Mance commence à briller de tout son éclat. La découverte de documents dans les dépôts d'archives, de l'*Histoire du Montréal* de Dollier de Casson particulièrement, permet de soulever le voile de silence et d'oubli dont l'humble servante de Dieu avait enveloppé sa vie. M. Faillon ouvre la voie en 1854, en publiant la première biographie complète, et il est bientôt imité par de nombreux écrivains de France et du Canada. La peinture et la sculpture apportent aussi leur tribut d'hommage : entre autres artistes, Georges Delfosse consacre à la mémoire de Jeanne Mance une des toiles historiques qui ornent les murs de la basilique de Montréal, et par deux fois, en 1895 et en 1909, en commémoration du deux cent cinquantième anniversaire de la fondation de la ville et de l'arrivée des premières Hospitalières, Philippe Hébert fixe dans le bronze les traits de la première infirmière laïque du Canada.

Tous ces témoignages, et nombre d'autres venant de laïques éminents et de membres du clergé, sont corroborés par l'autorité ecclésiastique. Dès 1856, Mgr Bourget, le plus fidèle continuateur du plan apostolique des fondateurs, obtient à Rome, en faveur des religieuses de l'Hôtel-Dieu, le privilège d'une indulgence plénière à gagner au jour anniversaire de la mort de Jeanne Mance, et Soeur Paquette inscrit quelques années plus tard dans ses

Annales : « Mgr Bourget a toujours eu en singulière estime Mlle Mance. Il aurait voulu que le Ciel se déclarât en sa faveur pour lui procurer les honneurs de l'autel, ce qui le portait souvent à la faire prier, pour obtenir par son intercession quelques grâces signalées... Il avait avec nous demandé la guérison de notre chère Soeur Coulombe, par l'intercession de Mlle Mance, et Sa Grandeur aurait bien voulu que ce miracle eût lieu, afin d'être par lui autorisé, nous disait-il, à tenter auprès du Saint-Siège la glorification de cette grande servante de Dieu. »

La même idée et le même espoir se retrouvent dans les successeurs de Mgr Bourget au siège épiscopal de Montréal. En 1909, lors des fêtes organisées pour commémorer l'arrivée des Hospitalières, et couronnées par le dévoilement de la statue de Jeanne Mance dans la cour d'entrée de l'Hôtel-Dieu, Mgr Bruchési proclamait : « ... Dans le groupe d'hommes et de femmes intrépides suscités par Dieu pour la fondation de cette ville, (Jeanne Mance) remplit un rôle spécial, tout de suavité, de bénédiction et de grâce. Pour le labeur comme pour la vertu, elle est la digne compagne de Chomedey de Maisonneuve et de Marguerite Bourgeoys. Personne, certes, ne lui niera sa place parmi les caractères les plus généreux et les mieux trempés; mais je dirai plus, et je me demande si son front si pur n'est pas fait pour ceindre, un jour, l'auréole des saints... Aujourd'hui, nous élevons des statues sur nos places publiques; demain, peut-être, Rome parlera, et alors, dans nos temples, nous érigerons des autels à nos saints et nos saintes... » De Québec, en cette même occasion, S. Exc. Mgr Bégin, le futur cardinal, faisait parvenir « son tribut d'hom-

mage à la mémoire de l'Hospitalière de Ville-
Marie, cette virginale et virile Jeanne Mance »,
exprimant lui aussi « l'espoir de voir ratifier
un jour par une sentence autorisée, la renommée de son incontestable sainteté ».

Depuis lors, cette renommée de Jeanne
Mance ne fait que grandir et s'étendre. Les
manifestations en son honneur se multiplient,
et sa ville natale se joint à sa ville d'adoption
pour célébrer sa mémoire. A Langres, un pa-
tronage de jeunes filles, placé sous son vocable,
est installé dans l'ancien couvent des Ursulines,
où elle est censée avoir reçu sa première éducation; en 1935, un *Comité Jeanne-Mance*
est formé pour préparer les fêtes, en 1940,
du troisième centenaire de son départ, et lui
élever un monument : deux projets ajournés
par la guerre, mais non abandonnés.

Les grands exemples de Jeanne Mance ne
suscitent pas seulement l'admiration; ils éveillent aussi un louable sentiment d'émulation, et
c'est particulièrement chez les infirmières catholiques que ce sentiment se manifeste. Depuis
1917, les infirmières diplômées de l'Hôtel-Dieu
de Montréal se sont groupées en amicale, sous
le nom d'*Association Jeanne-Mance*, mar-
quant ainsi, par ce seul titre, l'idéal qu'elles
se proposent d'atteindre. En 1942, avec le haut
encouragement de S. Exc. Mgr Charbonneau,
une *Société des infirmières missionnaires
laïques* est fondée, et c'est de Jeanne Mance,
« la première laïque dans l'histoire de l'Eglise
à devenir infirmière missionnaire », que ces infirmières ambitionnent de se faire les imitatrices.
En 1942 encore, quand se tient la première
session générale des hôpitaux canadiens de
l'*Association des Hôpitaux catholiques des
Etats-Unis et du Canada*, Jeanne Mance est

proposée en modèle aux infirmières catholiques de toute l'Amérique du Nord, et l'assemblée adopte à l'unanimité cette proposition, en y joignant le voeu que des démarches soient entreprises à Rome pour introduire la cause de cette servante de Dieu. Ce voeu reçoit un commencement d'exécution le 15 mai 1943, par la formation à Montréal d'un *Comité de propagande pour la béatification de Jeanne Mance*.

Modèle pour les infirmières, et bientôt peut-être leur céleste patronne, Jeanne Mance l'est aussi de toutes les femmes et jeunes filles catholiques. A une époque où l'Eglise rappelle instamment à tous les laïques leur impérieux devoir de collaborer activement à l'extension du règne du Christ sur les âmes, l'exemple de cette faible femme, devenue forte par son total abandon à l'action de la grâce divine, est pour toutes ses soeurs dans la foi un puissant encouragement à accomplir vaillamment leur mission. Pour reprendre, en la généralisant, la pensée de Soeur Cuillérier plus haut citée, « le souvenir de Jeanne Mance doit être pour toutes, comme un continuel avertissement des dispositions de zèle, de ferveur, d'humilité et de charité avec lesquelles elles doivent servir » la sainte Eglise et ses oeuvres, « sur le modèle de ce coeur qui pratiqua toute sa vie ces vertus, et tant d'autres que Dieu sait, dans un sublime degré ».

LETTRE-CIRCULAIRE

de

SON EXCELLENCE
MONSEIGNEUR JOSEPH CHARBONNEAU
archevêque de Montréal

AU CLERGÉ DE SON DIOCÈSE

Annonçant la création d'une Commission historique dans la Cause de la Servante de Dieu Jeanne Mance
et
ordonnant la recherche de ses écrits.

———

Archevêché de Montréal,
le 6 août 1945.

Bien chers confrères,

Depuis plusieurs mois nous songions à constituer une commission pour faire une enquête sur les écrits de la servante de Dieu Jeanne Mance, fondatrice de l'Hôtel-Dieu de Montréal et cofondatrice de Montréal.

Après avoir prié, réfléchi et consulté, nous avons trouvé bon d'accéder à un désir quasi général, et en particulier à celui des religieuses hospitalières et des gardes-malades du Canada et des Etats-Unis.

C'est avec grande satisfaction que nous voyons enfin le nom de Jeanne Mance se joindre aux autres pieux fondateurs de notre pays. Elle est digne, en effet, de prendre place à côté du vénérable Mgr de Laval, de la vénérable Mère de l'Incarnation, de la vénérable Mère Bourgeoys et de la Mère Catherine de Saint-Augustin.

Née à Langres, en France, le 12 novembre 1606, à l'âge de 33 ans elle se sent une vocation spéciale d'aller aider les missionnaires de la Nouvelle-France. Malgré de grandes et nombreuses difficultés, elle quitte son pays et arrive à Montréal le 17 mai 1642. Avec Maisonneuve, elle y fonde Ville-Marie et ouvre l'Hôtel-Dieu qu'elle gouverne avec la plus grande charité pendant trente et un ans. Elle meurt en odeur de sainteté le 18 juin 1673, à l'âge de 66 ans.

Le peuple et nos institutions religieuses ont toujours chéri sa mémoire, et les évêques, nos prédécesseurs, ont souhaité voir sa cause de béatification s'ouvrir.

Nous avons cru que le temps était venu d'étudier cette intéressante Cause, et, en conséquence, nous avons constitué une commission historique. Nous vous envoyons, avec cette lettre, une copie du décret constituant cette Commission.

Elle s'est déjà réunie. Son premier travail consistera en la recherche des écrits de la servante de Dieu.

Décret de nomination des membres de la Commission historique dans la Cause de la Servante de Dieu Jeanne Mance.

Les Religieuses Hospitalières de Saint-Joseph de l'Hôtel-Dieu de Montréal Nous ayant demandé par l'entremise de leur procureur, le R. P. J.-Ivan d'Orsonnens, de la Compagnie de Jésus, de désigner une Commission d'experts chargée de réunir les sources écrites se rapportant à la servante de Dieu Jeanne Mance, fondatrice de l'Hôtel-Dieu de Montréal, pour Nous conformer aux Normes déterminées par la Sacrée Congrégation des Rites en date du quatre janvier mil neuf cent trente-neuf, après avoir entendu M. l'abbé Edmond Belcourt, P.S.S., D.D.C., promoteur de la foi dans cette cause, Nous avons nommé et délégué, et, par les présentes, nommons et déléguons comme membres de cette Commission d'enquête :

le R. P. Léon Pouliot, de la Compagnie de Jésus, docteur en philosophie, lauréat de la Société Historique de Montréal, *la Rév. Sœur Maria Mondoux, archiviste des Hospitalières de Saint-Joseph de l'Hôtel-Dieu de Montréal,*

Mlle Marie-Claire Daveluy, docteur honoris causa de l'Université de Montréal, ex-adjointe du Conservateur de la Bibliothèque municipale, membre de la Société Historique de Montréal,

avec tous les pouvoirs nécessaires à la poursuite de leur enquête.

Les membres de cette Commission, après avoir prêté le serment d'office, devront, comme le demandent les Normes ci-haut citées, rechercher avec diligence toutes les sources écrites se rapportant à la vie, les vertus, la renommée de sainteté de la Servante de Dieu Jeanne Mance et devront rendre compte de leur travail devant le tribunal ecclésiastique qui sera constitué à cet effet lorsque leur travail aura été accompli. Ils devront remettre au Tribunal soit l'original, soit une copie reproduite par procédé photographique, soit une copie authentique des documents et des témoignages écrits qu'ils auront réunis.

Daigne le Seigneur bénir leur œuvre et la conduire à bon terme pour sa plus grande gloire et la glorification de la servante de Dieu Jeanne Mance, fondatrice de l'Hôtel-Dieu de Montréal.

Donné à Montréal, en Notre palais archiépiscopal, sous Notre seing et sceau et le contreseing de Notre chancelier, le seizième jour du mois de mai de l'an mil neuf cent quarante-cinq.

(Signé) Joseph CHARBONNEAU,

archevêque de Montréal.

Par mandement de Son Excellence Mgr l'Archevêque de Montréal.

G.-Robert MITCHELL, chan.,

(Sceau)   *chancelier.*

Voilà pourquoi, pour nous conformer aux canons 2042 à 2048 du Code de Droit canonique, nous ordonnons ce qui suit:

Article I. — Tous les fidèles procéderont à la recherche des écrits de la servante de Dieu Jeanne Mance.

Article II. — Nous rappelons qu'aux termes du Droit canonique, il faut entendre par « écrits » non seulement les autographes mais tous les textes dictés ou imprimés qui ont pour auteur la servante de Dieu; qu'en outre, il y a, pour les fidèles, obligation grave de nous remettre les écrits en question.

Article III. — Les écrits de la servante de Dieu devront être déposés au Secrétariat de l'Archevêché avant le 1er janvier 1946.

Les possesseurs de ces écrits qui seraient heureux de conserver les originaux, devront, néanmoins, les communiquer, afin qu'il en soit fait copie authentique.

Article IV. — La présente ordonnance sera publiée, avec le décret constituant la Commission historique, le premier dimanche qui en suivra la réception, au prône de toutes les messes, dans toutes les églises et chapelles du diocèse.

Donné à Montréal, sous Notre seing et sceau, et le contreseing de Notre chancelier, en la fête de la Transfiguration de Notre-Seigneur, ce sixième jour du mois d'août mil neuf cent quarante-cinq.

† Joseph CHARBONNEAU,
archevêque de Montréal.

Par ordre de Son Excellence Mgr l'Archevêque.

G.-Robert MITCHELL, chan.,
chancelier.

Table des matières